# 足音
ZUYIN

崔 晶◎著

黑龙江教育出版社

图书在版编目（CIP）数据

足音 / 崔晶著. -- 哈尔滨：黑龙江教育出版社，2020.6
ISBN 978-7-5709-1498-2

Ⅰ.①足… Ⅱ.①崔… Ⅲ.①中小学－教育研究－文集 Ⅳ.①G632.0-53

中国版本图书馆CIP数据核字(2020)第106992号

**足音**
ZUYIN

崔晶 著

| 出 版 人 | 张立新 |
|---|---|
| 选题策划 | 闫 旭 |
| 责任编辑 | 李玉洋 邓玉洁 王 鹏 |
| 封面设计 | 刘乙睿 |
| 责任校对 | 孙 晶 |
| 出版发行 | 黑龙江教育出版社 |
| | （哈尔滨市道里区群力第六大道1305号） |
| 印 刷 | 黑龙江华文时代数媒科技有限公司 |
| 开 本 | 880 毫米×1230 毫米 1/32 |
| 印 张 | 5.5 |
| 字 数 | 120 千 |
| 版 次 | 2020 年 6 月第 1 版 |
| 印 次 | 2020 年 6 月第 1 次印刷 |
| 书 号 | ISBN 978－7－5709－1498－2 定 价 35.00 元 |

黑龙江教育出版社网址：www.hep1983.com
如需订购图书，请与我社发行中心联系。联系电话：0451－82533097 82534665
如有印装质量问题，影响阅读，请与我公司联系调换。联系电话：0451－87619957
如发现盗版图书，请向我社举报。举报电话：0451－82533087

# 序　言

　　记得初走上讲坛时,这样一段话给我留下了深刻的印象:教育的成功不在于教出了多少出类拔萃的人才,而在于是否为学生点亮了一盏心灵之灯;教育的魅力不在于写出了多少教育新论,而在于因人而异的方法中,在于加一分则嫌过,减一分则不足的睿智中。

　　27年来,我坚信一句话:作为一名教师,只有成就了学生才能成就自己,只有学生有了价值,教师的价值才能得以体现。其实,和身边辛勤工作的同行们相比,我是幸运的。我曾连续六年被评为"哈尔滨市优秀教师、哈尔滨市优秀班主任标兵、哈尔滨市教育系统模范教师、黑龙江省优秀班主任、黑龙江省优秀教师、全国优秀英语教师、国家级骨干班主任、黑龙江省英语特级教师"。2008年参加了省委宣传部、省教育厅联合举行的师德论坛活动;2009年参加了省、市特级教师讲学团活动和哈尔滨市首次班主任育人风格展示活动。2011年被遴选为"哈尔滨市未来教育家培养工程首批培养对象",被评为"哈尔滨市第33届劳动模范、哈尔滨市'四有'好校长",是黑龙江省五一劳动奖章获得者、"崔晶育人工作室"领衔人……2008届毕业生丁明馨同学摘取了哈尔滨市中考状元的桂冠,2012届毕业生张集森、刘桐杉以全省第一的成绩分别喜获2015年、2016年高考状元。

曾经不止一次有同行问我：你取得成绩的秘诀是什么？其实哪有什么秘诀，只不过是在做每一件事情时，我总要一遍又一遍地问自己："我是不是可以做得更好？""我怎样才能做得更好？"因为我认为教育是追求完美的，即便我无法做到完美，但我要力争完美。回首教育之旅，我既为自己经历风雨，却痴心不改而欣慰；更为自己一路走来，欢歌伴行而庆幸！低眉静思方知，只有怀揣一颗诚挚不灭的心，才能演绎出从教生涯的精彩，才能有说不完道不尽的幸福故事。

有人说要想让学生优秀，你必须首先成为一名优秀的教师。而作为一名教师何为优秀？我认为，应该看他的责任心。教师从事的是爱的事业，责任心强才有可能教育好学生，强烈的责任心才会形成一种生长向上的力量。

春华秋实，岁月无痕，不同的环境往往造就各异的生命。唯有教师，不厌其烦，纵使前方冰雪肆虐，茫然中找不到出路，也甘愿在这条路上探索，拨开迷雾。每当看到淘气的学生安稳、认真地在教室学习，每当看到逆反的学生变得平和、向上，每当看到学生的生活充满阳光，相信每位教师都会乐在心里，喜上眉梢，那种成就感胜过任何奖赏。而这一切不都是来源于教师对每个生命的敬畏吗？

27年来，我时不时地会想起我教过的每一个学生，并时时挂念他们现在是不是过得好。我想，学生们也会这样很朴实地相互想念，并想念我这位老师吧。每当这时，我不知涌上多少幸福的感觉。我知道我一生中最大的财富就是学生，和学生在一起，再苦再累，也都是幸福的。因为我爱我的学生，我更加感谢我的学生,他们就是我的幸福之源。我辛苦,但我非常快乐,我对我的付出无怨无悔。

喜欢《奔跑》这首小诗:

> 我是一个奔跑的孩子
> 奔跑是一生的最爱
> 也是唯一的目标
> 每一次撞向终点线
> 都意味着另一次蓄势起跑
> 每一丝眷恋
> 遗落在奔跑的路上

诚然,奔跑是我们的一种人生姿态,一种价值取向。新的成功永远处于前方尚未到达的地方,我们就是要不停地奔跑下去。

教育的未来,任重而道远,但我们坚信:我们都是"学者",在学习的氛围中,不断汲取营养厚积而薄发;我们都是"行者",在实践的躬行中,共同探究教育教学的真谛;我们都是"智者",在反思的升华中,不断解决教育教学的困惑。那就让我们一起背起智慧的行囊,踏上教育智者的成功之路,不断地奔跑,演绎绚丽的教育人生!

行者无疆,足音激荡……

# 目录
## Contents

### 观念 技能 情怀

还给孩子一个课堂,交给孩子一个世界
——省教育学会年会汇报发言　001

用爱心耕耘　用智慧育人　和学生一起成长
——哈尔滨市首个育人风格现场会交流发言　007

长于洞察　敏于创新　勤于反思　勇于实践
——哈尔滨市未来教育家培养工程首批培养对象个人发展规划　019

### 讲述 交流 演说

一群人　一条心　为了梦想一起拼
——道里区项目县工作辅导教师工作总结　026

成才　成人　成长
——第26个教师节与市长座谈发言　030

凝心聚力改革创新　聚精会神砥砺奋进
——2018—2019学年度下学期校务会议发言　035

不负韶华　踏春启航　043

追梦
——竞聘校长演讲　046

试点先行　稳步推进
创新体制机制　激发办学活力　051

001

## 学习 行走 思考

做理念新、领域宽、专业深的教师
——赴澳大利亚学习回顾与反思　　059
自己培养自己　　071
做一名传递正能量的教育实践者　　076
尊重个性差异　为每个学生的发展负责
——我眼中的新加坡教育　　084
办成全人的教育
——北京十一中学校学习考察体会　　091
"尊重"才是硬道理　　097

## 思考 实践 感悟

守正创新　行稳致远
——哈尔滨市东湖路学校推行教育管理机制改革
　　经验介绍　　106
重本真、筑内涵、铸品质、创一流
成就东湖路学校之发展
——东湖路学校三年发展规划　　121
立足校情　鼎力革新
让核心素养在课堂上落地生根　　136
"五型并举"校本研修促青年教师成长　　144

## 身边的温暖

我们最亲爱的崔老师　　149
我们的朋友　　151
孩子的领路人　家长的贴心人
——我眼中的崔老师　　153
用热情点击教育的快乐　　156
我眼中的崔晶师傅　　158
录取之后见风采
——走近市优秀班集体　　163

结束语　　167

## 观念　技能　情怀

### 还给孩子一个课堂，交给孩子一个世界
——省教育学会年会汇报发言

作为一名英语教师，我深信成功的课堂应是一种焕发出强烈生命活力的高效课堂。这里不仅有读书声，更要有掌声、笑声、碰撞声……唯有师生之间的心相印、情相通，才能在这样的课堂里完成师生成长与发展的目标。19年的教育教学实践，我走过了一条边学习实践、边研究思考的道路。从踏上三尺讲台的那一天起，就不断地探索着英语教学的真谛，不断地追求着心目中理想的课堂。

英语本身不是我们的母语，那么如何让学生在课堂上以最快的速度将所学知识记牢？多年来，我一直在践行英语"愉快教育"理论，力求唤起学生对所学知识和学科的一种积极情感，尊重、爱护和引导学生在英语学习过程中所蕴含的求知热情和探索精神，使学生以轻松愉快的心情学习、思考并获得知识。

从教以来，我一直坚持导入新课就要讲究艺术。有时是根据教学内容，选择一个幽默笑话、一则谚语、一首英文歌曲；有时由学生进行课前英语自由演讲，活跃气氛的同时，也激发学生们

的学习兴趣。对于低年级的学生来讲,创设情境是我常采取的教学方法。就拿学习问路与指路这节课来说,我会引导学生将课桌之间的左右及前后间隔想象成一条条道路,再把一些座位当作某些指定场所,让学生从自己的座位上走出来,亲自找找自己要去的"地方"。一节课下来,学生们很快就能将所需交际用语熟记。因为没有情境的语言是苍白无力的,只有当语言与情境联系起来时,学生才会印象深刻。声、形、意有机结合,才能促使学生准确掌握所学知识。

多年来,我的课堂一直是师生英语交流的平台,没有抽象的知识传授,只有形象的过程感知。我喜欢教学中师生顿悟的刹那,那种主动求知收获的欣喜超过一切赞誉和光环,因为那是属于我们师生的成功体验。

教师不改变教的方式,就永远不存在转变学生学的方式。因此,学生成绩的取得一定是靠教师的"用心"传教取得的。有些学生无法摆脱学习效率低下的局面,为摆脱这种局面,教师该如何打造高效的英语课堂?

近几年,我关注了思维导图在英语阅读教学中的应用。思维导图是美国的东尼·博赞博士创造的一种思维工具。在它的伴随下,我逐渐改变了英语教学思维模式,进而也引起学生英语学习模式的转变。很多人认为外语教学就是知识的教学,是语法教学,是熟能生巧,是死记硬背,是固定用法……其实外语教学是交际教学,是语言教学,是理解教学,是运用教学,是思维教学……思维导图在英语教学中的使用减轻了学生的学习负担。

这种教学思维模式的改变集中体现在:创设情境,以熟练运用代替死记硬背；以梳理内容关键点代替无序记忆。英语学习，首先要过的是单词关、词组关，而后是句子关，进而是段落篇章关。过去老师们常常采用的做法是让学生背诵单词，背诵词组，背诵课文。对一种语言的学习，背诵是必要的。学生们却认为很枯燥无味，但是在思维导图应用的过程中，学生们逐渐领悟到寻找文章脉络与理清文章内在逻辑的重要性。

思维导图作为一种以放射性思考模式为基础的思维方式，不仅能使课文内容结构化，而且能把课文内容以"主题—框架—细节"的方式在学生头脑中呈现。在潜移默化的影响和作用下，这种阅读思维激发了学生的创造力和想象力，锻炼了学生的思维，提高了他们的英语综合运用能力。

我在进行"My Favorite Music"这一课的教学前，根据课文内容引出主题词，引导学生展开探究。学生慢慢对新知识有了初步感受和浅层理解，从而更有目的性地进行课堂学习，降低了对新知识的畏难情绪。学生在预习时收集关于各种音乐的资料，制作成思维导图。学生在搜集相关知识点的同时，还能够提出一些新的问题：各种音乐有何特点？怎样演奏？在课堂上继续就这一问题引导学生思考，学生通过小组合作探究，得出了许多答案，探究思考的过程中很好地锻炼了形象思维、发散思维及创新能力。教师再引入学生制作的思维导图，分析思维导图中存在的问题，并进行有针对性的讲解，这样既丰富了教学手段，提高了学生的学习兴趣，又化解了教学难点，提高了课堂教学的有效性。

整个过程中，教师把更多的时间交给学生，学生通过老师的指导，动手绘画并积极讨论，各个感官被调动，同时根据自己的

理解和爱好,创作出各自的思维导图。图文并茂的绘制过程伴随着思维的生成,这既促使学生更深刻地理解课文,又引导学生主动地揣摩文章的文法和写法,同时也为写作做了充分的铺垫。

英语教学中思维导图的应用,能够让教师把课堂还给孩子,把学习的主动权交给孩子,为每一个孩子提供展示才华的机会,给了孩子一片自由的天空。我们不能改变学生的过去,却能够改变学生的学习态度与方式,让学生在课堂上学到终身受益的东西。因此,作为教师,只要我们的思想改变,我们的教学方式就一定会变,我们要身体力行地为减轻学生过重的课业负担做些实实在在的事情。

中小学英语的有机衔接是中小学英语教学的一个重要问题,衔接过渡的成功与否对教育质量的好坏影响很大。我也一直在关注小学升入初中学生的英语教学工作,他们学习英语的特点是:能听会说,愿意表达,敢于表达,但不喜欢背单词,讨厌动笔,落到笔头上不得分。面对这种情况,让孩子们顺利完成初小英语学习的衔接应该从找准衔接的切入点入手。为了更好地做好此项工作,学校多次组织以我为领衔教师的名优骨干教师团队走进经纬小学开展拓展营活动,让孩子们感受初中教师的授课方式,同时也让我们了解即将升入中学的孩子们的学情、个性特点、学习习惯,为让他们将来快速适应中学生活做好铺垫。这一做法得到该校老师及家长的好评,孩子们也非常喜欢这样的拓展课。

首先,做好教学内容方面的衔接。在遵循教育教学连贯性和循序渐进原则的基础上,为避免中学教学内容与小学教学内容的脱节,开学初,我就对入学新生进行小学有关知识的复习巩固,通过摸底测试、座谈,查明学生的基本情况、知识缺漏、薄弱环节等。普遍问题集中补习辅导,个别问题个别补救。同时,在教学过程中根据学生的学习进度和理解程度,有目的、有步骤地增减教学内容,进行教材重组。我们学校还开展各种英语课外活动,英语角、英语日、百词竞赛等活动的开展让学生巩固和运用所学知识的同时,也享受到成功带来的乐趣,从而激发学生主动学习的欲望。

其次,做好学习习惯及学习方法的衔接。要想让孩子们尽快适应初中英语学习,作为教师必须在起始学年下足功夫,一定让孩子们先完成心理适应。根据学生的年龄特征,我们在英语教学过程中除了要把握好教材内容,更要有意识地培养学生正确的学习习惯和学习方法。例如教会学生课上如何记笔记,回家如何复习巩固;让学生养成课前预习(找出问题),课上提出问题、讨论问题、分析问题,课后思考问题和独立解决问题的习惯。

此外,做好英语学习技能的衔接。小学阶段,英语学习以机械模仿为主,是被动的技能培养。学生来到初中后,我们要设法使学生的语言积累、语言扩展和语言使用从以听说为主,逐步向"听说领先,读写跟上"转化;从机械地模仿向有意义地操练和真实情景中的语言运用转化;从被动学习向主动学习转化。如语法教学,学生在小学阶段已掌握了许多句子,有一定的感性经验,有一定的认知能力,且观察力、概括力逐渐提升。鉴于此,我们会引导学生通过观察语言现象,自己来找出语言规律和特点。

这比教师直接告诉、讲授的印象要深刻得多。

最后,做好教学方法的衔接。多年来,我最大的感受就是要以理解的情怀接纳学生的全部,要以发展的眼光看待学生的不足,要用智慧的方法解决学生的问题。我提出的每一个要求都要符合学生的能力,对每个学生都要给予富有情感温度的关注。课堂上力求做到多给学生表扬,少指责、批评,及时鼓励学生的成功,耐心指导、激发学生学习兴趣,使学生保持英语学习的热情,对待学生一视同仁,让每个学生在每堂课上都有收获和成就感,提升英语学习的自信。

通过多年来对初小过渡问题的系统分析和研究,我认为:构筑初小教育联合体促进了教师互动,使教师能够做好新旧知识的架桥铺路工作,使学生在关键的转折期避免盲点,从而为学生创建一个绿色连贯的成长环境,实现每一个学生在学习方式、心理适应等方面的无缝衔接,确保每一个学生的持续发展。做好初小衔接工作其实就是减负——减轻学生的学业负担,减轻学生的心理负担。多年的起始学年工作让我意识到:无论教哪个学科,初小衔接的重点都是引导学生完成从兴趣到方法的衔接,从感性认识到理性认识的衔接。采用课内外知识相结合的方式激发学生的兴趣,循序渐进地增加课堂的深度和广度,引导学生和书本亲近。这样自然地培养了学生的素质和能力,最终用能力提高成绩,使学生学会自主学习。

我们应该认识到,英语课堂不仅是英语学科知识传授的殿堂,更是对学生进行心灵滋养的圣殿,是学生成长的舞台,是学生发挥创造力、想象力的天空。在这里,学生有了探索新知的经历和获得新知的体验,学习兴趣和学习热情得到了激发,内心体验和心灵世界得到了丰富,对个人价值、社会价值、科学价值等方面的认识有了进一步发展。学生学科知识增长的过程也就成为他们人格健全发展的过程,伴随着学科知识的获得,学生变得有爱心、有同情心、有教养、有责任感。还给孩子一个课堂,交给孩子一个世界,这应是我们努力的方向。

## 用爱心耕耘　用智慧育人　和学生一起成长
——哈尔滨市首个育人风格现场会交流发言

从教以来,我始终坚信一句话:作为一名教师,只有成就了学生才能成就自己,只有学生有了价值,教师的价值才得以体现。

### 一、宝剑锋从磨砺出,梅花香自苦寒来——用知识武装头脑

刚刚迈出大学的校门,又重新迈进中学的校门,虽然获得了教师的身份,但我知道自己依然是一名学生,是一名教育战线上的新兵。不断地学习教育教学理论知识,用先行者的经验武装自己的头脑是我唯一的选择。事实上,学习、培训、读书确实加快了我的成长。从上班的第一天起,我就拎着凳子听课,听名优教师的课,听同龄人的课。听课后,认真反思琢磨,如果这节课让我上,我要做哪些取舍?我也有意识地让自己的课比别人的课慢一节,没想到恰好暗合了今天的"专家引领、同伴互助"这

一理念。各级各类培训更是让我受益匪浅。新教师上岗培训、骨干教师培训、班主任培训、校本研修培训、海外留学培训，使我有机会接触教育大家，近距离聆听他们的真知灼见，也能与校内外的同行进行交流、相互学习。16年来，读书伴随着我成长，高兴时读书能让自己保持一颗平常心，郁闷时读书能化解内心的不悦。我们姜校长常说："善于从书中汲取前人经验，丰富自己学识的教师，其课堂也必然会因教师的广博与深入而焕发光彩。"后来，我又接触了近几年教育界的风云人物——魏书生、朱永新、李镇西等人的文章论著，他们都是我教育道路上的指路明灯。这里，我也想向大家推荐几本：《关于问题学生的研究》《今天如何做班主任》《有效教学的艺术》《班主任的101个怎么办》。所有这一切拓宽了我的视野，改变了我的教育方式，提升了我的教育技巧，融洽了师生关系，增加了家长对我的信任。于是我知道，站在这些大师的肩膀上，我逐渐成长起来了。

其实对于大学刚毕业的我们而言，专业知识肯定没问题，但对人生、社会的认识还很肤浅。班主任教师应像是摆在学生面前的一本"社会百科全书"。班主任教师的人格魅力不仅体现在解答课堂问题时的睿智中，更应体现在日常教育教学活动中向孩子们潜移默化地展现为人之道、处世之法。只有读书，才会让人富有；只有如此，孩子才会亲你，信你，甚至模仿你。

## 二、杏坛春日晴方好，育人新颜展新篇——用爱心浇灌心灵

大家都知道：爱心是教育永恒的主题。爱学生是一个合格

教师的底线。如何爱，却是一门学问。心理学家认为没有爱就没有教育，教育要以师生间心灵沟通为前提，以爱作为连接师生间心灵的桥梁。只有爱学生，才能产生了解学生的愿望，才能设身处地理解学生，才能关注、关爱所有的学生。学生来自不同的家庭，生活背景也不相同。对于学习和生活有困难的学生来说，来自班主任教师的关爱就尤为重要，但通过怎样的途径让学生自强起来就成为重中之重。

2001届毕业班中有这样一名外向的女孩，自从她的母亲跟别人离家出走之后，父亲更加不务正业，每日酗酒，不肯照顾孩子，喝酒回家就打骂孩子，家里境况十分困窘，对孩子的学习造成很大的影响。年少的孩子无法独立坚强地面对这一切，甚至动了轻生的念头。得知这一情况后，我主动与她的家庭联系，在家访被现代家校联络方式所取代的今天，我坚持家访，从初三下学期到孩子毕业，去过她家20余次，目的就是让父亲不打孩子，尽到父亲的责任；让爷爷奶奶多关注、多照顾孩子，让孩子能够感受到家的温暖。我坚持资助孩子的学习和生活。在我的帮助下，这个孩子不断进步，成绩逐渐提高，最后她考上了市重点高中。

2004届毕业班上，有这样一名男生，他是一个内向、敏感的孩子。因父母离异，他的心理受到了很大的影响。一段时间以来，上课时精神无法集中。我发现后找到他，开始的时候孩子什么也不肯说，我就一次又一次地跟他谈心。终于，孩子哭着对我讲了他的遭遇：在他即将升学考试之时，他的父母要离婚，孩子不理解，自己的父母怎么这么自私。看着他脸颊滑落的泪水，我

也控制不住自己。但我知道,此时陪着孩子一起落泪不但于事无补,反而会导致他容易向环境屈服。于是我鼓励他向困难挑战,我们不能左右成人的世界,但要用自己的坚强、自己的成绩告诉父母自己在长大。同时,我向他承诺,有困难时来找老师,哪怕是半夜 12 点,老师也会出现在他身边。因他不善表达,除和他谈话外,我还让他以书信的方式来释放自己的情绪,我也不断地回信鼓励他。就这样,作业本成为我们师生交流的主阵地。终于,这个孩子重拾自信,学习成绩一再攀升,最后考上了省重点高中。取通知书那天,她的妈妈哭着找到我,对我说:"崔老师,收拾孩子房间的时候,看到他珍藏起来的作业本,我知道我这个做妈妈的真的不称职。这孩子生在我们的家庭里是不幸的,但幸运的是遇到了您这样一位好老师,否则这孩子就完了!"说完,泣不成声。此时,我可以哭,但是我真的没哭。因为我知道,这名学生已经可以独立地面对生活中的任何困难了。

我知道,我并不是单纯地帮学生考上一所高中,助他们继续完成求学之路。人生最大的帮助莫过于在困惑迷茫时,有人为你点亮心灵之灯,而教师要用真情让这盏心灵之灯越燃越旺。教育薪火相传的魅力就在于此!

其实,从某种意义上说尊重比热爱更重要,尤其对于初中生来说更是这样。没有爱就没有教育,同样的道理,离开了尊重也就根本谈不上教育。爱是尊重的前提,尊重是爱的体现。作为教师,一定要尊重学生的人格,尊重学生的感情,保护学生的自尊心。只有这样,才能激发他们的求知欲,从而燃起他们进步的火花;也只有这样,才能赢得学生由衷的爱和尊重。所以,教师必须尊重每一位学生,尤其是那些有过错的学生、有缺点的学生。爱自己的孩子是本能,爱别人的孩子是神圣,爱孩子中的后进生是高尚。

记得2004届毕业班里,有一个孩子叫小强,他在毕业学年转入我班,由于疏于家庭管教,来我班前已经转学三次。至今,她父母眼神中交织的复杂情感还清晰地留在我的脑海里,既包含了对孩子的无奈,也许也含有对我能力的怀疑……至今,他父亲意味深长的话语还在我耳边回响:"崔老师,这孩子已经转过三次学了。"我答道:"放心吧,这里是他初中生活的最后驿站。"大话是说出去了,真正和这孩子一接触,才发现远非像自己想得那样简单。通过两个星期的观察,我发现他的个性确实很强,爱面子,喜欢引起别人的关注,却又时常会做出一些违规的行为。每每犯过错误后,总会有一大堆理由为自己开脱,甚至有时会让任课教师"下不来台"。一天,晚自习铃声响过很久,他上气不接下气地跑回教室,身上带着浓浓的烟味。我真想狠狠批评他,转念一想,不行,弄不好这节晚自习就不用干别的了。我不能因他一人的错误浪费全班的时间。于是,我快速调整了表情和语调:"是不是肚子不舒服,跑得这么快会加剧疼痛的,先回座位休息吧。"他一脸诧异地回到座位上,其他学生也不解地看着我。其实,这绝不是我一贯处理问题的方式,但我知道,今天这件事这么处理恰到好处。

下自习了,小强没有出教室,而是趴在桌上。这是他转到我班后,第一次下课没出去。看到这一幕,我喜上眉梢,这是一个好兆头。可是下一步用什么办法,让他意识到吸烟的危害,进而

主动放弃吸烟,把精力放到学习上?于是我和所有任课教师商量,结合他的实际情况,对他进行迂回教育,遇事给"面子",加强对他学习的辅导。每当我在报纸或杂志上看到有关吸烟不利健康这类报道时,就剪下来。我有意识地积累了许多这方面的材料。一天,我把文摘夹在他的作业本里,我静静地等待答案。两天后,他来办公室找我,问我是否有时间,想和我谈谈。我欣然接受。我们聊了很多,他告诉我他什么时候开始吸烟和看了文摘的感触。他也向我道出这么做的缘由:他的父母亲在深圳做生意,祖父母年事已高,且身体不好。每当他学习进步时,父母不予关注;每当有问题时,家长恨不得打飞机回来。每次见面,父母只会问是买耐克还是阿迪的衣服,要么就是请他吃汉堡或牛排,从未真正关心过他。他非常感激我的爱护,从未骂过他是差生……

毕业后的教师节,他给我寄来一张贺卡:"您作为一名班主任,不仅教给我们知识,把我们成功地送入高中,还教我们做人,做一个真正的人。您知道吗,以前我是一个老师眼中很坏的孩子,吸烟,去网吧玩游戏,打架,几乎什么坏事都干过。初四那年如果没有遇到您,我想我也不会改变,是您改变了我,是您给了我第二次生命。"在卡片的后面,孩子的父亲也写了一段:"半年来,孩子有多大进步,我们作为父母心里最清楚。一个让所有老师头疼了三年的学生,到您这儿居然没脾气了。我不知道是您的认真,还是您的人格、您的真情感动了他,但您对孩子的教育和影响我们会铭记终生。"

有时心灵的惩罚远比体罚给孩子带来的伤害更深,有时是我们教师自己筑起了和学生之间心灵的隔断。其实,如果每位教师都以平等、公正、真诚的态度来关爱每一名学生,尊重每一名学生的主体地位和人格尊严,让所教的每一名学生都能体会到浓浓的师情,让每一名学生都被教师的所作所为感动,那么,什么成绩不能取得?教育作用于教学,而教学又会促进教育。

"两手都要抓,两手都要硬",其实也是我作为班主任工作的信条。多年来,大家也许会认为我班主任工作干得还行,其实我业务能力更厉害,我所教班级的英语成绩平均分都在110分以上,我所带的班级也被称为市优秀班集体专业户。

### 三、绿杨烟外晓寒轻,红杏枝头春意闹——用智慧唤醒生命

不知不觉中,孩子们悄然长大。成了初中生的他们,在成长之路上少了些磕磕绊绊,多了些意气风发;渴望自由,却害怕孤单;向往独立,却缺乏自制;学业的重负、青春的躁动、成长的逆反……该如何做好他们的班主任,如何不让学生过度依赖,如何不对学生耳提面命,而是做到润物无声。面对这样的群体,如何才能让我们的教育教学工作得心应手?在引导初中生生命成长和全面发展的过程中,哪段路有危险要谨慎当心,哪段路虽险峻却风光无限,大家都有自己的判断。我深信,每位老师都有着自己说不完道不尽的教育故事,而每一个教育故事中肯定都融合了老师自身独特的创造性,闪动着与众不同的教育智慧。

所以作为班主任的我们,仅仅是像保姆一样关心学生、呵护学生是远远不够的,更要用自己的能力去征服学生。而这种能

力应该是自己独到的能力。做教育工作,学习别人的先进教育教学思想、方法固然必不可少,但绝不应该拘泥于别人的方法。学完后,要内化为自己的见解。记得全国优秀班主任任小艾老师在工作中用得最多的就是调查法,通过调查,对学生的喜好、心理了如指掌,这一点对我也深有启发。运用之妙,成乎于心!有时,我也想学学别人的涓涓细流,可我就这么热情奔放,莫不如在自己性格特点的基础上形成自己的特色。我的这种热情、感染、智慧的风格不是刻意追求而形成的,这种风格已经内化为一种习惯并成为工作常态。

自担任班主任以来,我所带班级的学生人数都比较多。即便如此,我也要对班级每个学生的家庭基本情况、个人成长经历,包括作息和生活习惯、饮食状况和零用钱用途等都熟记于心,学生们都戏称我为户籍员、活电脑,我也深深地感受到了其中的乐趣。

记得2008届毕业班,在初一学年也就是学生们刚刚入校不久,学校举行了秋季运动会,运动会结束后,我班租用的大客车把学生们从三中运动场拉回来,全程约有十站地,那天的情景至今还历历在目。在车上,我对学生说:"孩子们,今天崔老师来报站,我不但报站名,我还要报出下车的人数和姓名。"当时,他们以为我在开玩笑。随着客车一点一点接近终点站,无论是被点名即将下车的学生还是坐到终点站的学生都向我投来了难以置信的目光。有的孩子说老师太神了。第二天上课时,从孩子们佩服的眼神中我又一次感受到了解学生给我带来的育人快乐。

观念 技能 情怀 //

其实教师的能力绝不仅仅是体现在教学中用学识征服学生,更要在平时的生活中用教育细节打动学生,用教育真情感动学生,用教育理念引领学生。细心的班主任能够在和学生相处一段时间后,洞悉每个学生的每一个眼神和表情。课余,和学生交流时,我有时会故意模仿他们习惯性的肢体语言和口头语,每每在孩子们开怀大笑之时,也是我们师生心灵距离拉近之时。当然,并不是说做到这些就是称职的老师,我深知了解学生是需要多层次、多角度的。要让学生知道老师了解他、关注他、在意他,老师的心中有他。不同的生活背景、不同的家庭教育环境,势必会形成学生们不同的性格特征。充分了解学生之后,我们才能做到用一把钥匙打开一把心灵之锁。

作为班主任的我们,每天面对着几十个学生,不可能不发生预料之外的矛盾冲突。而面对这些偶发事件,怎样处理,就更体现出班主任教师的教育智慧。

有一次我在市里参加培训到很晚,结果当天晚上,我就接到学生"告密"的电话,当时的心情马上跌落到谷底。因为我知道,我们班的那几个男生一定又是放学不回家,在操场上打篮球。我曾再三叮嘱,老师不在的时候放学后一定要及时回家,不要在学校逗留打球。因为那时我们跟经纬小学共用一个操场,我担心他们打球撞倒或者砸到小学部的孩子,而且,之前也发生过眼镜碎了、牙碰掉了这类事情。没想到他们竟然还是违规。其实关于"篮球风波"也已经强调多次,但他们天天午饭吃一口就去打球,我怕他们消化不好,就特意和对口班利用体活课的时间开办了每周二和周五的篮球对抗赛。可他们还顶风上,思考

了一晚,我收起了当时的生气与失望。对于这次篮球事件,不能以简单地批评来解决了。

第二天晨读时间,我在学生惊奇的眼神中,讲了一个小故事。故事法是我惯用的手法,它是班主任"婆婆嘴"的另一版本,但是效果好。德育工作是反复抓,抓反复。大事及时说,小事集中说。故事大意是:一位中年人,在傍晚时雇佣三个农民为自己的新居搬砖,他先付完工钱后,没有监工就回了家。可是妻子却担心工人不认真干活,就特意做了夜宵让他带去并看看工人干活情况,结果他去的时候却发现工人干完活在等他来拿落下的手机。

当时我说:"孩子们,类似的故事我们听了很多。可是这两天下午发生的事,让我非常羡慕这位中年人,因为我也如他一样信任大家,所以我告诉了大家我放学时候不能返校的消息。可是你们却不够诚信,你们的行为就如同这位中年人回去后发现,工人们只是拿走了工钱根本没有干活,或者更糟,连砖都被偷走了。"此时的讲台下,五六个男孩惭愧地低下了头。于是我接着说:"老师希望昨天在不该打球的时候选择打球的同学,能在今天的体育课上主动向体育老师请假,留在班里反思自己的行为,可能昨天在该回家复习的时间你选择打球没意识到什么,但我相信今天在该打球的时候你却留在教室反思,感受会不同,请把感受写下来告诉我。"

体育课后,"队长"带着其他五个男生表情凝重地送来了各自的反思。上面写着:"崔老师是位优秀的老师,她没有严厉地批评我们,而选择了换位思考的方式让我们知道该在什么时候干什么事情,我很后悔昨天的行为。我们能做的就是约束自己以后的行为,成为一个讲信用的人,一个值得老师同学信任的人。"看到孩子们的话,我很幸福,因为我被这些孩子们的认真和可爱感动着。

记得2008届毕业班初四刚开学的时候,由于教室前后门有四扇玻璃窗(教室是由2个办公室改造而成),为了使走廊来往的人不分散学生的注意力,同时也便于我观察教室内的情况,我们班在门窗上布置了白色窗帘。一天中午自习,我从后窗经过。想在进教室前,从后窗观察一下自习情况,谁想我刚一凑近窗边,最后一排的小亮同学正掀起窗帘向外看。四目对视,目光交锋间,我看着这个班级里最难管的学生,气不打一处来,三步并两步"蹿"进教室。当时教室里的学生已经进入自习状态,很静,想发火都有些不好意思。转念一想这个学生虽然顽皮,但品质不坏,孩子的这种好奇心还是可以理解的。在初四需要鼓励的时候,对他讲清道理,让他习惯适应新的班级环境要比当众批评他好。于是我轻轻地说了一声:"对不起,同学们,打扰了,老师想借用两分钟的时间向小亮道歉。"学生一连诧异,我说:"小亮呀,老师真诚向你道歉,刚才在你掀起窗帘的刹那,看见老师这张大脸,是不是吓你一跳呀?"全班同学都笑了。于是,我趁热打铁地对全班说清了挂窗帘的道理,从那以后,再也没有学生掀开窗帘向外看了。

像这样的小插曲经常在班级发生,只要是孩子们的无心之过,我都能从理解宽容的角度去化解,在紧张学习的日子里班级却笑声不断,师生关系始终如朋友般亲密轻松。

十六年来，甚至包括孩子刚刚满月时，我的工作量一直都比较大，教着两个班的课，当着班主任，带的一直都是全校最大班额的班级。总有人很关切地问我："崔晶，你累不累啊？"说句实话，不累是不可能的。可和学生在一起，我总能品味出他们给我带来的每一份感动，我总能体会到他们对我的至真至诚之情。我喜欢久久地注视学生们，他们的一举一动，一颦一笑，为我的生活增添了无限光彩；他们一声声仿佛不经意间的温馨问候，也总会让我温暖如春，幸福不已；而他们的一点点进步，更是让我感到欣慰。就在那一刻，我明白了爱就是付出之后从不知疲倦！

于丹在一次访谈节目中说有一个学生跟她讲，每个孩子都是掉到地上的天使，他来到世间是因为他的翅膀折断了，在他还没忘记天空前，他一直要寻找一个为他缝补翅膀的人。而老师就是为他缝补翅膀的人。是啊，有时我就在想，教师这一职业和其他行业最大的不同之处，就是它塑造的是活生生的人，是一个个鲜活的生命。我愿意做那个为天使缝补翅膀的人，让他们重新展翅飞翔，遨游蓝天。

德国哲学家雅斯贝尔斯曾说过，"教育意味着一棵树摇动另一棵树，一朵云推动另一朵云，一个灵魂唤醒另一个灵魂"。作为一个平凡的教育工作者，我愿用我的生命与学生的心灵相融，去尽情描绘富有诗意的教育愿景。回顾近16年的工作历程，酸甜苦辣尽在心中，但我收获更多的是幸福。感谢这段为师的岁月，它给了我施爱的机会，也让我品味到被人感念的幸福。"春风化雨润物无声，笃学敦行无愧人师"，这是我一生不变的教育追求，我愿为此倾尽全力，无悔付出！

## 长于洞察　敏于创新　勤于反思　勇于实践
——哈尔滨市未来教育家培养工程首批培养对象个人发展规划

《帕夫雷夫中学》一书中有这样一句话，"如果我只是一个教书匠，我就不是一个真正的教师，通向儿童心灵的小路就会对我紧紧地封锁"。从我读完这句话起，"不做教书匠，要做教育家，做儿童水晶心灵的雕塑师"便成为我专业发展规划的先导和我一生追求的目标。

哈尔滨市未来教育家培养工程项目的实施，更加坚定了我的信念。当我接下哈尔滨市未来教育家培养工程学员证书时，我深知，自己接过来的不仅是一份信任，更是一种责任；我更清楚，从今以后自己不仅仅是教学工作第一线的实践者，更应该成为教育教学思想的引领者。在未来，自己必须要立足教育教学实践，以务实求精的专业精神，通过三年系统深入的学习与研究，依托崔晶育人工作室这个研究平台，创新教育理念，打造优秀团队，发挥我们的示范引领、带动辐射作用，形成人才优势，造就教育大师。

### 一、发展目标

#### （一）终身目标

不做教书匠，要做教育家，做儿童水晶心灵的雕塑师。这是我终生奋斗的目标。与教书匠相比，教育家是富有智慧的教育

大师,是教育的集大成者,更是教育艺术的经典化身。什么样的教师才能成为教育家?从中国的孔子、韩愈、朱熹、蔡元培、陶行知,到西方的柏拉图、苏格拉底、夸美纽斯、赫尔巴特、杜威等,每个人在教育领域作出的贡献不同,每个人的教育思想也不同,但是他们却都有着共同的一面,那就是"博学审问、慎思明辨"。在我看来,这就是教育家必备的精神气质。鉴于此,基于学员研修发展手册,我提出"长于洞察、敏于创新、勤于反思,勇于实践"的个人专业发展规划"路线图",通过立足教学一线,反思教学实践,创新教学理念来提升素养,朝着教育家的标准迈进。

(二)职业生涯专业发展目标

1. 让爱贯穿教育的始终

苏联教育学家马卡连柯说过:"没有爱,便没有教育。"文学家冰心也说过:"有了爱,便有了一切,有了爱,才有教育的先机。"教育是爱的事业,教师的爱与众不同,因为师爱是理智和心灵的交融,是爱得以传递的永恒力量。教师之爱,需要饱含着对民族和国家的爱,饱含着对美好生活的爱,饱含着对来之不易的生命的敬畏,才能志存高远、爱岗敬业、关爱学生。只有具有虔诚的情怀——一种强烈的责任心,甚至是一种人格的感召力,这样,才能为每个学生提供最适合的教育,也是最公平的教育。因为教育是心灵与心灵的沟通,灵魂与灵魂的交融,人格与人格的对话。所以,一定要提升专业道德,走提升内涵之路。

2. 让德成为行动的引领

陶行知先生曾说过,"学高为师,身正为范"。的确,老师的身体力行,要比任何说教都要有效。要坚持以德服人、以情感人、以心育人、以理导人、以学促人的育人模式对学生开展全人格教育。

3. 为学生插上求知的翅膀

杜威说:"生长是生活的特征,所以教育就是生长。"在他看来,教育不是把外面的东西强迫儿童去吸收,而是要使人类与生俱来的能力得以生长。为此我们要明确教学的首要目的在于培养学生的批判精神和探究意识,从而使他们懂得知识永远是动态的、发展的,我们要关注课堂有效性的研究和实践,善于思考、发现、总结、引领,尽快建立能激发、鼓励和引导学生探索创新的学习机制,将课堂还给孩子,力求通过教师教学方式的转变来引发学生学习方式的改变。

4. 让博学成为自己前进的方向

"百无聊赖何为教,一事无成怎做授"。我要关注教育教学有效性的研究和实践,通过学习、培训、实践、总结、思考、研究、著述,打磨自己,将自身专业成长逐渐延伸到学生生命成长的层面上。在动态发展过程中考察、提升自己的理念和素质,发挥自己的潜质。

## 二、专业发展原则

1. 把学习当作一种生活方式

被称为"数字经济之父"的美国人泰普斯科特曾说过:"未来最可靠的竞争优势就是克服障碍学习。"我要倡导崔晶育人工作室的每一个成员热爱读书、善于学习、勤于思考、加强积累,

最终要靠自己的行为感染身边的教师,真正成为示范者、引导者和帮助者。做好个人读书心得、集体读书活动的交流工作。力求通过读书学习拓宽工作室所有成员的视野,进而提升每个成员的教育品位,改变我们的教育方式,融洽我们的师生关系,增加家长对我们的信任。

2. 让思考成为一种习惯

反思是教师专业发展和自我成长的核心因素。坚持反思可以总结实践,升华经验;可以发现不足,渴求新知;可以摆脱"匠气",增长悟性,使我们的教学愈教愈新。未来三年,我要本着且行且思考、研究伴我行的工作理念,做到每学期有科研主题,每次工作室活动有主题。带领工作室成员结合自身的工作实际,积极探索班主任教师的成长规律及育人规律。力争每位工作室成员都能从"经师"发展成"智师",最终成为一名"人师"。

3. 让行动形成一股力量

远离浮躁,静心砥砺。作为教师,千万别忽略我们在教育一线每天都会接触到的平凡而简单的小事情。关注和琢磨、研究这些教育小事应是我们教师的立身之本,也是教师克服职业倦怠的动力之源。教师的专业成长归根结底要靠实践去探索总结,在教学实践中努力形成自己的教学风格,走出一条属于自己的教改之路。

4. 让教育过程留下痕迹

教师要在学习的基础上善于对自己的日常教育教学实践进行有效反思,通过日志、随笔等叙述方式把它们生动地呈现出来,这样可以让我们对教育的理解更为深刻,最终促进教师个人的专业成长。

## 三、发展策略

1. 自主学习策略

坚持钻研教材,阅读文献、专业报纸杂志,从而适应教育改革的形势,满足学生的内在需求,促进自身的专业成长。

2. 实践优先策略

立足教学实践,认认真真上好每一节课,在实践中积累经验,历练内功,提升内涵。

3. 行动反思策略

通过对教育教学过程的反思,加强对教育教学实践的再认识。在反思中觉悟,在反思中创新,在反思中获得专业成长,在不断循环反复的自我反思与改进中提高自己的专业水平与业务能力。

4. 内滋激励策略

一是自省行动过程。开展自我批评,对自己的行为表现逐一进行分析,对自己的思想进行解剖。通过勇敢解剖自己,深刻地认识自己的缺点和过失,吸取教训,扬长避短。二是自赏行动成果。体会教育成果带给自己的愉悦,从而激励自己向更高的目标奋斗。

5. 角色转换策略

充分认识新形势背景下教师的角色转变,在专业发展的进程中,积极作出相应的角色转换:从"教师"转换为"导师",做好"五导",即引导、指导、诱导、辅导、教导;从"教书匠"转换为"研

究者",即从自己的研究中找到有效的教学策略和管理策略解决教育教学上的种种"困惑",减少无效的重复劳动;从"课程实施者"转换为"课程开发者",在参与课程开发中发挥潜能,体验成功,提升专业素质和能力,积极主动地走向"专家型教师""教育家式名师"。

### 四、未来三年阶段发展规划与措施

"千里之行,始于足下",为了实现教育家的梦想,需要脚踏实地,从今天做起。为此,制定未来三年的发展目标。

第一阶段:立足教学实践,总结教学经验,向着研究型教师标准前进。

1. 加强自身的道德修养,爱岗敬业,廉洁从教,积极要求进步,工作中与同事团结一心,互帮互助。

2. 努力提高教育教学水平,在实践中探索新的教育教学方法,课堂上尝试创新,在课堂教学中充分做到让学生自主学习、合作探究,引导学生主动地、富有个性地学习;关注个体差异,满足不同学生的学习需要,创设能引导学生主动参与的教育情境,激发学生的学习积极性,注重培养学生的创新精神和实践能力。积极创造条件承担省、市、区、校内公开课、示范课、观摩课教学及送教下乡工作。

3. 准确定位个人人生目标,明确工作目标,敢为人先,坚守课改创新的勇气和信心。

4. 及时积累个案,归纳资料,增进交流,撰写、发表优秀论文或教学案例,加强著述能力的培养。

第二阶段:优化学科体系,践行先进教育教学理念。

这一阶段的主要目标是通过培训、交流、学习,推进先进教育教学理念落地实施,深入分析学科特色和发展水平,确立学科发展方向。不断锤炼专业水平和业务能力,在教育教学上形成自己的风格,开展好名师带高徒活动。

第三阶段:建立结构合理的教育教学团队,为实现自己的教育理想而奋斗。

独木难成林。从长远发展来看,建立一支结构合理的教育教学团队是提高教学水平,进行学科建设的第一要素。要在教育教学工作中,与校内外教师互相学习、互相配合、共同进步,建立一支年龄、知识等方面结构合理的教师团队。同时要夯实学科理论基础,掌握学科相关知识,把握学科前沿动向,培养具有宽广胸怀和气度,善于团结和引领教师团队的成员,使之具备学科带头人的素质。

"纸上得来终觉浅,绝知此事要躬行"。完美的计划不在于设计,而在于实施。在未来漫漫教育教学路上,我将一直追随教育前辈的思想,践行教育家的精神,脚踏实地走在中国教育的第一线。

## 讲述　交流　演说

### 一群人　一条心　为了梦想一起拼
——道里区项目县工作辅导教师工作总结

很幸运我能参加 2008 年万名中小学班主任国家级远程培训，而更让我受益匪浅的是能于 9 月 21 日至 27 日参加 2008 年百名中小学骨干班主任国家级研修班，并以辅导教师的身份成为黑龙江省三位代表中的一员，我深知这一切都是源自道里区教育局、道里区教师进修学校对我的培养和厚爱，离不开道里区扎实有效的德育工作基础，更离不开身边优秀班主任对我的感染和熏陶。所以当曹主任通知我去学习时，内心真的是忐忑不安。因为这是我参加过的最高规格、最高强度、最高要求的一次培训。在我看来，它不仅是一种荣誉、一种待遇、更是一种责任。高规格因为它是国家级的培训，能够现场聆听周卫、熊华生、吴增强、陈爱苾、齐学红、王宝祥、张万祥几位专家的真知灼见，更有教育部师范教育司、基础教育司宋永刚副司长、德育处处长于长学等领导的现场指导；高强度是因为全天都在听报告、学习、进行实战模拟，晚上必须要

讲述　交流　演说 //

上晚自习；高要求是因为每天我们都要写研修日志，总结、思考当天的学习内容。这些我还能应付得来，最关键的是回来后我能否成为一名合格的乃至优秀的辅导教师，不辜负省、市领导对项目县工作的厚望，这使得我在京的学习不由得多了几分沉重。但是，区领导的话语让我吃了颗定心丸，他们说："你不用愁，有咱们道里区百名优秀班主任学员做坚强后盾，我区一定会把这次远程培训工作圆满完成的。"

七天的在京集中培训，通过专家的报告，我对案例式教学培训有了一定的了解。专家对"六个模块"，即班主任的每一天、班主任的每一学年、班主任与每次活动、班主任与每个班级、班主任与每个学生、做一个专业的班主任进行了导读，解剖其中一个专题，帮助我们这些辅导教师学员掌握案例教学的方法及要点，为2008年万名中小学班主任国家级远程培训工作打下坚实的基础。

七天的在京培训，使我对辅导教师的职责有了更深刻的认识，辅导教师必须要做好远程研修过程中课程专家团队的助手，做学员互动交流活动的组织者和引导者，更是学员与课程专家团队联系的桥梁。转眼间，全国万名中小学班主任国家级远程培训就要结束了，但这次培训带给万名班主任学员的影响将是深远的。

通过培训学习，我们对教育部领导的重要讲话有了更深刻的思索。周济部长特别关心广大班主任的学习、工作状况，把进一步做好班主任工作放在更加重要的位置。特别是周济部长提

出的四点要求,使班主任学员再次明确了肩头的使命,也感受到了上级领导部门对此次班主任培训工作的重视。项目组全体成员辛劳、细致的服务工作,我们尽收眼底。从课程教学管理到平台服务保障;从开辟留言板到对学员所提问题的及时答复……他们的工作无时无刻不感动着我们。

学习过程中,课程导师组的工作作风真切地影响着我们。从周卫教授对王辉老师作业的推荐及点评;从王宝祥教授对辅导教师的答疑到对学员们提出的中肯建议;从课程导师组的简报到各位专家的寄语,专家导师润物细无声的品质修为和踏实严谨的治学态度感染着每一位学员。

培训期间,更让我们感受到了省、市领导对此次活动的重视。从《培训实施方案》《研修手册》到《培训管理制度》《个人研修纪实》;从预热会、开学典礼上的讲话到研修群里对我们的留言,无不激励着学员们再忙、再累也要圆满完成学习任务。而我们道里区的所有学员们,用高涨的学习热情诠释了对班主任工作的热爱。从为了顺利参加培训而更换电脑到哄睡了孩子再继续网上学习;从"恨"自己打字慢,切磋起来"不解渴"到拨起了电话;打招呼用语从"你好"变成了"昨天你学了多长时间"……这期间,还有一个秘密,那就是我们的账号、密码被"盗用"了。由于名额有限,非学员教师们在了解了培训的内容、方式后,争先恐后上网学习、跟帖、留言,交案例作业。

在培训过程中,作为辅导教师,我力争做到每天关注、回答、反馈和评论学员提出的问题,通过在线跟帖、发起话题讨论、推荐话题等方式对学员的学习进行具体辅导与答疑。及时解答本班级学员学习中遇到的问题，共性问题及时在培训班级的"班级沙龙"中进行解答，疑难问题及时进行梳理提交。与此同时，能够按照培训的总体进度要求，及时督促和引导学员提交相应的案例与材料，充分与学员进行网络互动。充分利用网络技术与环境，通过论坛、在线集中讨论区、在线跟帖，建立班主任培训QQ群，配合班级管理员不定期召开网络视频会议，集中学习。利用邮件、电话等多种方式，营造积极生动的网络研修氛围，力争让学员们都积极参与到在线学习的讨论中。

作为辅导教师，我能够主动向班级管理员提供优秀学员的学习心得体会与积极有效的经验方法，发现和推荐学员的优秀评论及优秀文章，同时总结培训过程中学员遇到的问题，配合班级管理员完成简报的编写工作。按照培训课程方案和培训的整体指导思想，评阅、批改学员作业，评定和推荐优秀学员作业，并对学员的学习情况给予评定。

此次学习培训，之所以让我们感受颇深，探其原因主要是案例式培训新颖、方便，贴近班主任的实际工作，为老师们提供了思索、交流、生成的空间。在这样的舞台上，有谁不愿意去释放自己的激情，展示自己的才华，发表自己的想法，阐述自己的理念？

我想用四个"wang"字作为我培训工作总结的结束语，因为我们此次活动是离不开"wang"字的。首先是不"枉"此行。与专家近距离的接触，使我对班主任工作有了再认识，作为班主任我们要切实提高自己的育人水平，增添教育智慧，为师爱的实施

提供有力保证。尤其是当前迅速变化的时代,我们到底对学生了解多少?我们的工作是否停留在表层?仅是对学生生活、学习上的关心,我们是否能做到与学生的心灵对话?当我们本着对生命的尊重而开展工作时,相信方式、方法一定会灵活而丰富起来。常言道:"运用之妙,成乎一心。"其次是一"网"打尽。这次学习使我对中国教师研修网产生了浓厚的兴趣,因为这里为教师提供了自主发展的平台、协作交流的平台、专业引领的平台、资源生成的平台,面对面讲授与网上研修互动的混合式学习方式,把这种大研修观和互助观体现得淋漓尽致。三是此"网"情深。集中培训时,由于天气变化,学习的第二天我就发起高烧,研修网曹总监和杨老师、梅老师亲自来宾馆看望我,水果代表他们的关爱,鲜花正是研修网所有工作人员高尚人格的写照。四是一如既"往"做好做实班主任工作。面对一个个能动的、有潜能的、独特的鲜活个体,班主任要力争做到让孩子们因为有了我们,人生多一份精彩;因为有了我们,成功多了些许的把握,相信这也永远是所有班主任共同的心声。

## 成才 成人 成长

——第 26 个教师节与市长座谈发言

尊敬的各位领导、各位同行:

大家下午好!我是来自哈尔滨市第 113 中学的英语教师崔晶。在第 26 个教师节即将来临之际,作为一名普通的一线教师,能受邀参加这么高规格的会议,我感到十分荣幸。林市长能在百忙之中抽出时间来倾听广大一线教师的声音,这充分体现了市委、市政府对教育的关注、对教师的关爱,让我们非常感动,非常温暖。同时,我也意识到肩上的责任和担子更重了。会后,我一定会把这次会议的精神传达到我校教师中,并在实际工作中充分发挥示范引领作用,共同为我市教育事业的发展作出新的贡献。

下面,我结合自己工作中的感悟谈三个想法:

一是塑造学生完整人格是教育工作永恒不变的主题。在全国教育工作会议上,胡锦涛同志曾说:"教育是民族振兴、社会进步的基石,是提高国民素质、促进人全面发展的根本途径,教育寄托着亿万家庭对美好生活的期盼。"这三句话以极其精练的语言,概括了国家、社会、家庭赋予教育的使命,也诠释了教育为何在今天受到了前所未有的关注。随着社会竞争、职场竞争日益激烈,越来越多的人认识到优质教育对孩子未来发展的意义,所以这种竞争实质上已经前置到基础教育领域,演变成对优质教育资源的争夺,这就决定了教育所承载的东西已经远远超越了教育意义本身。

社会关注教育、家长关注教育,本来应该是好事,是社会进步的表现,然而我们也看到了一些不和谐的音符在侵蚀着教育的健康发展。比如,家长把孩子业余时间安排得满满的,出入各种补课班,把关注的视角更多地落在学生学习成绩的提高和各种特长的培养上,而忽视体育运动,不注重学生身体素质的培养;忽视劳动锻炼,不注重自主生活能力的培养;忽视尊老爱幼

等传统美德教育;不注重学生关注社会、服务他人、和谐共处等品德能力的培养。作为一个有17年从教经历的教师,我深深感到,仅有优异成绩和各项特长,学生还无法承担起未来社会所赋予他的责任,今天,不管家长如何认识,社会如何引导,学校和教师都要保持清醒的认识,塑造学生完整的人格,培养德智体美劳全面发展的学生仍是我们不变的主题。这也是我们113中学近年来德育工作的一个基本的、永恒不变的目标。为此,我校从关注细节入手,不断创新活动载体,在做好养成教育的同时,将德育目标分解到各项活动中,不仅教学生学会求知,还要教学生学会做事、学会共处、学会做人。我们也引导教师与学生做朋友,用强烈的责任心和人格感召力,与学生有效沟通,教师敬业爱生,学生尊师乐学,通过打造和谐的师生关系,实现以爱心培育爱心,以人格影响人格的目标。

二是全面提升教师素养是做好教育工作的前提和基础。今年是我市取消民办公助校的第一年,因为严格执行按照学区入学的政策,社会和家长的兴奋点就由过去择校变成现在择班。我校为了更好贯彻市、区教育局均衡发展方针,实现教育公平,更好地调动教师和学生家长的积极性,今年初一分班无论从教师的搭配还是学生的组合,都实现了最大限度的均衡,这项工作我们做得非常平稳,家长很满意。

这项工作结束后,我陷入了深深的反思。过去择校,现在择班,那么家长一直在选择什么?是一流的校舍?是先进的设备?都不是。家长选择的是一流的师资和多年积淀的学校文化,选择的是一流的教育给孩子未来带来的更好的影响。

那么什么是一流的教师？我理解的一流的教师首先要有先进的教育理念，有高尚的师德，能坚持把爱与责任作为教育的主线，拥有新型的师德观（服务意识）与育人观（给学生一个完整的人格）。第二，一流的教师要有教育智慧、渊博的学识以及由学识衍生的教育智慧。这些是征服学生、赢得学生信赖的制胜法宝。事实上，打造研究型教师队伍一直是我校教师培养的努力方向。第三，一流的教师要有高超的教育技术，要能不断提升自己的教学能力和研究能力，追求课堂教学的实效性。教师既能全面、准确地掌握学科知识，又能做到融会贯通，从整体上把握知识体系，创造性地组织教材，鼓励学生求异创新，引导学生体验探求知识的过程，掌握获取知识的方法。

事实上，加强教师培训、促进教师专业化发展一直以来都是市区教育局的工作重点，市区教育局在这方面也确实做了大量的工作。但身为一线教师，我深深感到，这还远远不够，事实上，培训永远滞后于教育实践，如果能以学习型组织建设为契机，通过一些学习、交流平台的搭建，引导广大教师加强学习，加强读书，加强自我修炼，不断提高自身素质，将自身专业成长与学生生命成长结合起来，才能将教师的知识源泉变成活水，才能真正解决教师专业成长问题。

三是努力探索减负提质的有效途径是当前做好教育工作的重点。《国家中长期教育改革和发展纲要》第四章义务教育部分第十条是减轻中小学生课业负担。有人做过统计，改革开放

后,教育部关于减负的通知截至2001年先后大约发过49个。但为什么屡禁不止,越减越重呢?家长说:"现在的孩子面临的生存压力大,竞争多,好大学难考,工作难找,孩子要是不成才,将来怎么办呢?"教师说:"社会的评价标准不变,为了学校的生存与发展,为了孩子有个不错的未来,我们只能这样拼命啊!"学生说:"未来什么样我不知道,我只知道,我现在过得不快乐。"这样比较起来,其实我们的教育目标与孩子的愿望是错位的,试想如果学生考上大学就想将所有的书统统撕掉,那么我们的教育还是可持续发展的教育吗?所以要想真正将减负落到实处,要先解决教育观念问题。到底什么是人才?我认为,只要有社会责任感,勤奋努力,为社会作出一定贡献的人就是人才。曾有报道,香港大学2009年给一位勤奋工作几十年的82岁老太太袁苏妹颁发了荣誉院士证书,表彰她44年如一日地为学生做饭、扫地,称她是"以自己的生命影响大学堂仔的生命"的"香港大学之宝";还邀请学校园艺师与毕业生合影,这都是尊重人才的典型。但生活中又有多少这样的例子?一个学生本来形象思维比较好,喜欢文学艺术,家长偏要他学奥数;一个学生动手能力极强,家长偏要让他去学理论学科;有些家长明明知道自己的孩子成绩平平,偏要他上重点学校、重点班、实验班,结果孩子的学习越来越跟不上,越来越自卑,优势消失殆尽。这些做法,能谈得上"以人为本""以孩子的发展为本"吗?归根结底,要求我们全社会要更新人才观念。作为教师,我们首先要更新人才培养观念,鼓励个性发展,不拘一格培养人才。

我校的做法，一是注重学思结合。倡导启发式、探究式、讨论式、参与式教学，帮助学生学会学习，激发好奇心，培养学生的兴趣爱好，营造独立思考、自由探索、勇于创新的良好环境。二是注重知行统一。充分利用社会教育资源，开展各种课外及校外活动。三是注重因材施教。只有当我们对什么是人才有了确切的认识之时，我认为只有当我们真正做到不拘一格选拔人才、不拘一格录用人才之际，才是减负之日真正到来之时。就我们哈尔滨而言，将生物、地理、历史、政治成绩纳入中考成绩，但却把这几个学科分散到不同学年结业，这既是为学生的高中学业负责，也是为学生切实减负。

国运兴衰，系于教育；教育振兴，全民有责。在今后的教育教学工作中，我一定会坚持育人为本，增强教书育人的责任感与使命感，增强创新意识，加强师德修养，努力提高业务水平，积极探索和实践教育教学规律，关爱学生，严谨笃学，淡泊名利，自尊自律，全心全意帮助学生全面发展，做学生健康成长的指导者和引路人。我也相信，全社会都会关心支持教育，共同担负起培养下一代的责任，为青少年的健康成长创造良好的环境！

## 凝心聚力改革创新　聚精会神砥砺奋进
### ——2018—2019学年度下学期校务会议发言

各位老师：

今天会议的主要任务是深入贯彻落实习近平总书记关于教

育工作的系列讲话、全国和全省教育大会、全市教育工作会议精神及我区教育工作部署,总结上学期工作,明确本学期工作重点。我主要讲两方面内容:

## 一、回眸上学期,我们改革创新,书写东湖路教育的"奋进之笔"

刚刚过去的2018年,在区委、区政府的强力支持下,东湖路学校管理团队带领年轻的教师团队秉持"真实做人、踏实做事、实事求是、事事求先"的工作要求,务实创新、自主创新、改革创新,书写了令人鼓舞的"奋进之笔"。

一学期来,我们夯实基层党建,全面从严治党。坚持落实"两学一做"学习教育常态化、制度化,深入开展习近平总书记系列讲话精神学习讨论和实践活动,坚定"四个自信",树牢"四个意识",自觉做到"两个维护",积极打造和谐奋进、风清气正的教育生态。深入开展"解放思想 激活思路 谋求思进 敢担当 有作为 推动高质量发展大讨论"。

我们坚持稳中求进,深化教育改革。坚持"试点先行,稳步推进"原则,推进"两自一包"改革。区委深改办印发了道里区推进"两自一包"改革实施方案,全区相关部门建立定期联系机制,充分下放人权、事权、财权,副市长陈远飞、区长肖彬、副区长包亚奎、教育局魏传利局长等领导多次深入我校了解改革情况,听取汇报并现场办公解决改革难题,市委深改办刊发专题信息进行报道,我区在全市教育工作会议上作典型发言。区委书记冯延平认为我们推进"两自一包"改革的工作速度、工作成效超乎想象,并要求继续巩固成果、扩大试点、全力推进。

我们坚守教育初心,强化队伍建设。围绕立德树人,展示东湖路教育人的教育风采。

老师们,回首2018年,每一点成绩,都凝结着各级领导的关爱、社会各界的支持,更饱含着所有东湖路教育人的辛勤付出。为了完成重大工作任务,很多人夜晚连着白天干;为了确保学校工作平稳有序,很多人不计小我成全大我。每次看到加班加点、善作善成的你们,我都非常感动和不忍。我代表学校管理团队,向每一位为了梦想奋斗、为了孩子付出、为了美好教育坚持的同事,表示由衷的感谢和崇高的敬意!

在总结成绩的同时,我们也要清醒地看到问题和短板。主要表现在:部分教师的专业素养亟待提升;骨干教师数量过少;教师的成长速度参差不齐;师德师风建设形势依然严峻;个别教师的主人翁意识还需加强……对此,我们务必要不忘初心,久久为功,采取有效措施切实加以解决。

## 二、攻坚2019,我们砥砺奋进,续写东湖路教育的"得意之作"

2019年,是中华人民共和国成立70周年,是贯彻落实全国教育大会精神的开局之年,是贯彻落实市教育局和区委、区政府工作要求的关键之年,是道里区教育开启高质量发展的攻坚之年。我们要以习近平新时代中国特色社会主义思想为指引,落实全国教育大会、省市教育工作会议部署,落实区委、区政府对教育工作的新要求,以立德树人为根本任务,围绕"书香道里、幸福教育"的工作理念,沿着"建设现代化教育强区"的既定目标,树立质量意识,强化质量核心,紧扣质量命题,将提升质量融入教育改革、办学实践、队伍建设、教育教学管理、课程开发等各环节,整体提升学校教育教学质量,推进学校全面发展。

会前,各中心月推进工作要点已经下发,具体工作有详细安排,这里不一一解读,请各学部、各学年、各位老师按照既定部署和各项要求,落实、落实、再落实。今天,结合我校教育工作实情,我重点强调以下工作:

总体思路:要把握发展趋势,瞄准发展方向,加强学习,不断更新观念和理念,心中要有数。围绕既定的工作思路,强化突出工作落实。

(一)以凝心聚力为目标,加强学校党建工作

改革要持续深化,常规工作不松懈,补短板,强弱项。讲政治,识大体,顾大局。公办校姓公,公办校为党,因此必须以政治建设为统领,以高站位、高质量、多样化、人性化的党建工作凝聚人心、增强活力、激发干劲,提高学校党建工作的科学化水平。要主动掌握新知识,把握新形势,吃透上情,掌握下情,集中心思干事情。党支部成员要发挥带头作用,在全校开展好习近平新时代中国特色社会主义思想和党的十九大精神学习,重点领会习近平总书记在全国教育大会上的重要讲话及《中国教育现代化2035》和《加快推进教育现代化实施方案(2018—2022年)》

精神,解读全省教育工作会议和全市教育工作会议具体部署要求,用明确的认知坚定发展自信、队伍自信、能力自信、目标自信。要创新学校党建、团建、队建活动载体,深入开展"解放思想 激活思路 谋求思进 敢担当 有作为 推动高质量发展"大讨论,通过规范开展"三会一课"、主题党日、党务公开等工作提升党的凝聚力,强化党组织的领导力、影响力、感召力。以"党建+教育"活动为载体,将党建工作有机融入学校各项工作,推进"两学一做"学习教育常态化、制度化。

要认真落实党风廉政建设责任制,坚持"一岗双责",预防为先,告诫在前,运用好监督执纪"四种形态",推进"警示教育"常态化。把严明党的政治纪律和政治规矩放在首位,教育引导党员干部自觉遵守"六个纪律"(政治纪律、组织纪律、廉洁纪律、群众纪律、工作纪律、生活纪律)。

(二)全面提高学校管理团队的管理水平及其他三支队伍(中心干事、学科负责人、研修团队负责人)的业务水平

班子成员带头,以上率下、以上示下、以上带下,按照分工管好自己的人、抓好自己的事儿。既要抓全面,也要抓重点,更要把最重要、最困难、最关键的任务拿在手里,亲自去干、规范地干、示范着干、比着去干。事权清晰的工作比能力、比精神、比速度、比效果;事权交叉模糊的工作比风格、比人格、比胸怀。教育系统从来就不缺人才,"司令部""大本营"必须高效运转,有为才有位,有位更能为,我们需要的是埋头苦干的真把式、雷厉风行的快把

式、追求卓越的好把式，而不是经不起推敲的假招式。功绩留给他人去评说。

（三）紧紧抓住立德树人的根本任务

认真落实"五育并举""六个下功夫"要求，培养德智体美劳全面发展的社会主义建设者和接班人。

（四）聚焦师德师风、教育行风，要培养一支师品过硬、业务够精、德能双馨的教师队伍

我们要把师德建设作为教师队伍建设的第一任务常抓不懈。完善师德教育和监督检查制度，建立教师个人信用记录与教师师德报告制度、师德舆情快速反应机制及诚信承诺与失信惩戒机制。

要少搞名堂，多抓课堂。今年我们将迎来第35个教师节，是大庆之年，要通过加强与新媒体、自媒体、融媒体的互联互通，深入发掘师德典型，评选表彰师德楷模尤其是身边优秀教师，展示我校教师风采。要用好"一报一号"，壮大学校教育朋友圈，积极开展大密度、多层次、高水平的广泛宣传，唱响改革发展好声音。同时，通过免费体检等方式，落实对教师的关怀。

要有正确的教育观、教学观和人才观，要善于系统思考、超前思考、主动思考、换位思考、谋求思进。学校要想内涵发展，教师必须要真心、潜心、精心抓教育教学，少想怎么不行，多研究怎么能行。围绕问题想办法，围绕困难谋创新，努力培养"五种能力"，即：把握社会发展的洞察力、依法执教的执行力、全面了解

教育现状的判断力、组织与协调家校的凝聚力、学校课程开发与课堂教学指导的领导力；善于理顺"五种关系"，即：和谐互信的上下级关系、和谐互补的组内关系、和谐互爱的师生关系、和谐互助的同事关系、和谐互动的家校关系。校长与教师是等距离的，教师与教师是近距离的，教师与学生是零距离的，要相互扶助，相互支撑，多赢共好。特别需要强调的是，不负责任的话不说，不负责任的事不做，要有奉献的精神与情怀。多一些理解，多一份包容，多一份感恩，内练素质，外树形象，在执行和落实上多下功夫。

（五）探索适合我校实情的教学模式，着眼课堂教学改革，提高课堂实效，提升教育教学质量

这里的质量不仅仅指的是分数。全面抓实教师备课、上课、作业布置与批改、教学反思、家校合作各环节，环环相扣保质量。把课堂教学作为提升质量的主战场，课前"备"学生、课堂"看"学生、课后"研"学生，以会教为"根"，以教会为"本"，精研、精析、精讲、精批、精改、精练，要学会倾听，让每个学生都愿表达、会表达、表达好；要像关注结果那样关注过程，让每个孩子都爱思考、会思考，让师生共同享受"弄懂""学会"的快乐。要积极开展课堂教学模式研究，目前我区正在进行学本课堂、差异教学等"幸福课堂"范本的研究和展示活动，旨在全面提升课堂教学质量。

积极参加各类教育教学大赛，初登讲台的教师要以赛促练，

通过赛课,研究本业、历练本领、提升本事;有几年教龄的教师要赛出风采、赛出精神、赛出作风,把丰富的积淀呈现出来,把进取精神展现出来,把传帮带作用发挥出来。

(六)做好课程开发工作,继续打造特色心理课堂

本学期,我校已开设25门校本课程,王睿佳老师的心理课得到家长的认可及社会的关注。

(七)开展好校本研修工作,立足微研究

要强化教育科研工作,鼓励和倡导开展小专题研究、微课题研究,切口问题化、内容个性化、方法通俗化、周期短小化、承担者个别化,因小而专、因专而深、因深而实,以教育科研的针对性提升教育改革的实效性。如针对回流生,我们如何让"尖子生"增强志气,抓住"边缘生"提升士气,关注"薄弱生"增强底气,尤其是在"拔尖提优"方面,通过用实劲、下实功、求实效、微研究,收获一些可供借鉴的经验。

(八)要深入研究义务教育学段衔接、一体发展机制

打破学段壁垒,无缝衔接,融会贯通,稳控生源,提升质量。要发展学校特色,开展第六批市级特色学校建设、第三批区级特色学校建设,提升学校内涵品质。

(九)要减轻负担提质量

要让教育部"减负三十条"新政落地生根,依照课标从严教

学,严控书面作业总量,实施"递进式"作业。全面限制各类功利性、商业性竞赛评优活动,不组织学生参加未经上级教育行政部门审批的评优、推优及竞赛活动,把时间、空间还给学生。

（十）校园文化建设

要继续打造"四雅"校园,设计具有丰厚文化底蕴的标识,呈现校园独有的文化气息。美丽校园要立足于校园文化;生动校园要有有情人、有趣事;现代校园来源于学校的办学方向及教师理念的现代化;开放校园来源于协同育人;安全校园来源于我们所有教育工作者的责任心。

老师们,我们是新时代的奋进者、追梦人,让我们在区委、区政府、区教育局的正确领导下,坚持改革创新,砥砺奋进,从零做起,叩问一流,携手努力开创东湖路教育高质量发展的美好未来,以优异成绩向祖国70年华诞献礼！

## 不负韶华　踏春启航

同学们、老师们、家长朋友们：

大家好。庚子年的春天注定是一个不平凡的春天,新型冠状病毒性肺炎疫情牵动了全国人民的心。防控疫情,延迟开学,加长版的寒假,不一样的春节,相信对于我们每个人来说都是一次特殊的经历。我们一起战"疫","疫"路同行,我们是彼此最深的牵挂。

疫情面前,伟大的祖国再次向全世界彰显了中华儿女强大

的凝聚力,再次向全世界展现了什么是中国力量,什么是中国速度,什么是中国精神。我们看到了中华民族众志成城的凝聚力,每一位医务人员的奉献、坚守,每一位平凡大众的责任和担当。逆行的勇士、爱国的志士、团结的人民、高效的政府,为我们撑起了坚实的保护网。东湖路学校的家长里也有着这么一批默默奋战在一线的"抗疫"英雄,他们是医务人员、基层党员、警察、社区工作人员、志愿者……他们用义无反顾的"逆行"奋战在一线,守护一方土地的平安,成了孩子们心中最勇敢的爸爸妈妈,向他们致敬!

在这场全民战"疫"中,东湖路全体家人们坚定信念、团结一心,"宅"在家里的东湖路"小天鹅们",你们也是一名名"抗疫"小士兵,用理解与坚持默默贡献着自己的力量;师者父母心,老师们心系你们的健康,随时在线关注指导你们的学习与生活;爸爸妈妈们充分利用家庭教育生活化、随机、灵活的特点,无时无刻不在给予你们智慧与爱的陪伴。我们都在用不同的方式为打赢这场"战疫",贡献着自己的智慧和力量!

开学可以延期,成长不可以暂停!今天,在这个特别的日子里,东湖路学校全体师生、家长,迎来了一次别样的"开学仪式",我们也即将开启一场别样的学习之旅。疫情延迟了我们开学的相聚,却阻挡不了我们学习的热情;疫情改变了我们的学习方式,却动摇不了我们的学习意志。非常时期,停课不停学,停课不停教,停课不停研!

为了保证特殊时期同学们成长不停步,最近一段时间老师们辛勤忙碌着,集体备课,搜集整理教学资源,查看网络课程视频,录制每一课时难解问题、共性问题的微课。老师们为生命成长而教、为人生而教、为未来而教。他们不辞辛苦,不断学习新技能,做好线上开学准备,在空中课堂与可爱的你们相约而行。虽然暂时我们不能面对面地交流,但老师们始终在你们身边,用爱的连线随时关注你们的需求。

同学们,线上开学,我们以屏幕代替黑板,把书房变课堂,把客厅当操场,厨房就是劳动基地,卧室就是自律生活养成空间,阳台就是科学艺术园地。这需要我们做好学习规划,规律作息,同学们要靠自己来约束管理自己,养成自动自觉的学习习惯和生活习惯,提高自己的自主学习能力与自控力,品味自律带给我们的学习乐趣与魅力!

家长朋友们,家庭教育是为了让孩子拥有安全感、幸福感,同时培养孩子的品行与人格。疫情当前,停课不停学让我们拥有了更多陪伴孩子成长的时光,除了做好健康防护、完成课业作业,更需要我们用好"生活"这本教材,守护当下,守望未来,帮助孩子锤炼生活素养,体知家国大义,了解社会运行,学会敬畏生命与自然,发现人性之光。有人说,家长与老师相遇,是一场爱与信任的邂逅。家长朋友,让我们一起努力,让孩子每天的生活变得更充实一点,这就是积极抗疫。让我们一起努力,让孩子们在宅家抗疫过程中养成自主学习习惯,自觉、自律、自强,在别样的课堂上收获受益终生的成长!

老师们,同学们,家长朋友们,春已至,雪正消,待战胜疫情

之时,让我们再次相聚在校园美丽的梧桐树下!

## 追 梦
### ——竞聘校长演讲

尊敬的各位专家评委,大家好:

本人崔晶,1973年出生,44周岁。1993年在哈尔滨市第113中学参加工作,党龄比工龄长的我,至今已在教育岗位工作24年,现任哈尔滨市第76中学校副校长,拟竞聘东湖路中学校长岗位。使人成熟的不是岁月,而是经历,我用三个时期来介绍一下自己:

第一个时期(1993—2007年):优秀教师的成长经历为个人发展筑牢地基。不做教书匠,要做塑造学生品格、品行、品性的大先生。这15年,我历任113中学英语教师、班主任、备课组长、学年组长。我特别感谢113中学,学校历任领导的人格魅力、管理智慧感染了我,学校优良的校风、师风就像家风一样成就了我。凭借扎实的功底、过硬的能力、勤勉的态度、科学的方法,充分发挥科任教师与家长的合力,我所教班级学生成绩均名列全区前茅,指导的学生多人获国家级一等奖;多次在省、市、区教学大赛上获奖;被评为市学科骨干、学科带头人,省优秀教师、省优秀班主任、全国优秀英语教师,被聘为英语学科兼职教研员。2003年经选拔赴澳大利亚留学培训。

第二个时期(2007—2015年):优秀管理者的经历为个人发

讲述　交流　演说 //

展加油助力。最好的教育是影响,最好的管理是示范。这期间,我担任113中学教导主任,并担任班主任和两个班的教学工作。

在这个岗位上,我能够合理分配时间,团结干部,敢于担当,不怕困难,分管学年工作并全面统筹教导处工作,能够独当一面。教学管理方面,创新和实践"自主学习、自我管理"的教学方法,成效显著。分管过两届毕业班,教学质量明显提高。2008届毕业班升学成绩在道里区名列前茅,我班的丁明馨同学摘取了哈尔滨市中考状元的桂冠,高分学生数量全区居首;2012届毕业班升学考试省重点达线率近40%。

在队伍建设方面,培养带动起一批优秀教师、骨干教师和中层干部。另外,在学校省级标准化创建、教育均衡检查、特色学校创建、创城、外事接待、教师聘用命题工作、教材选用工作等校内外工作中积极发挥作用,出色完成各项任务。能抓大事、善做小事、事事求是就是我的工作信条。

其间,我被遴选为省师德报告团成员和哈尔滨市未来教育家培养工程首批培养对象,连续多年被聘为省市中小学教师职务评审专家、"国培计划"项目导师,被评为哈尔滨市第33届劳动模范,是省五一劳动奖章获得者,也是哈尔滨市首个召开育人风格研讨会的教师;此外,我还多次做客新闻直播间为家长排忧解难,组建的"名师工作室"发挥示范引领作用,社会反响良好。

第三个时期(2015—2017年):两所不同学校发展关键期的经历锤炼了我的管理能力。管理的本质是心理沟通,领导的本质是达成共识。

047

三年对于历史长河而言,不过须臾一瞬,于我却是教育教学管理能力不断走向成熟的黄金成熟期。不忘初心,砥砺前行。

　　我于2015年8月调入群力新区新建学校经纬中学,我的分工定位是主管全校教育教学工作,主抓首届毕业班。新建学校的首届毕业班的中考成绩,无疑会受到社会、家长的高度瞩目。这届特殊的孩子们从七年级开始建班,全是回流生的班级已经换了三位班主任,许多家长都对孩子持放弃态度。二胎家庭、单亲家庭、外来务工家庭,这些家庭的家长没有更多的精力和能力来关注孩子,家校的教育合力发挥不出来。毕业班的教师有新毕业的大学生,他们热情,肯付出,但经验不足;有选调的外地教师,他们有经验,但曾经使用的教材、考试的题型、教学的思路与哈尔滨市不同。沉淀下来,思考和经验告诉我,现实倒逼改革,如果还是因循守旧地照搬在113中学毕业班的管理经验肯定不行,必须要立足校情、生情、师情,创造性地开展教育教学管理工作。开展差异教学,强调老师要善待、包容、培养具有不同基础知识水平和不同学习方式的学生,让学生动脑、动口、动手,研究孩子的心理需求。关注他们的学习困难,关注他们的兴趣点,关注他们可提升的空间,开展各种减压活动,重视活动育人,关注报考,创造一切可以让每个孩子展示自信的平台。在关注学生成长的过程中,也不断地对这支教师团队进行培训,对教学目标任务进行分解。同时,帮助家长意识到家庭对孩子的影响,共同发挥集体的力量。正是这种规范的管理,群力经纬中学2016届首届毕业生在基础各异的情况下,全校总平均分390.64分,优秀率61.1%,及格率94.4%。从零做起,叩问一流,成就群力经纬之发展。

2017年1月,由于工作需要,我调入哈尔滨市第76中学,负责学校的师训、教学工作,主抓七学年教育教学工作。2016年至2017年是76中学发展的新纪元,面对教师年龄偏大,虽教育教学经验丰富,但学习意识不强,部分教师教育观陈旧的教育现状,我决定以教研训一体化的校本培训为依托,以打造高效课堂为载体,以核心素养的课堂落实为目标,最大限度地为教师的专业发展铺路。教师队伍力量凝聚,人心思进,工作风气明显转变,教师团队的正能量作用发挥更加明显,师训工作引擎产生了新动力。

**我的任职优势:**

1. 底气

(1)哈尔滨市未来教育家培养工程5年培养经历、24年工作阅历、10年管理磨砺、3所学校创造业绩的履历让我具有扎实的业务本领、丰富的管理经验,使我具备任职校长、引领学校发展的能力。

(2)在我人生最高潮的工作状态,赶上了道里区教育事业蓬勃发展之际,多年积累的能量、建立的自信想释放,通过竞聘上岗这个平台,助力区域教育发展。

2. 地气

(1)新建学校一年半的工作经历,使我对学校的问题十分了解,清楚学校发展特征、存在的主要矛盾和要害问题及趋势性

变化,能够迅速找准问题,精准发力,加快问题破解,使学校行驶在发展的快车道。

(2)传统名校近十年的管理工作,使我对教师发展困惑十分了解,便于帮助教师解决在职业理想、专业发展、工作生活等方面的困难,从而调动教师积极性,激发队伍活力,焕发学校发展内生动力。

(3)自身性格开朗,待人热情、包容,善于用人之长,取长补短,使团队形成合力,使管理队伍融合搭配、迅速协调运转,加速学校发展。

3.志气

本人拥有忠诚于教育事业的情怀,具有年龄的优势、饱满的热情、旺盛的精力和在工作上永不退缩的坚韧斗志,有要为新区教育的发展立新功的志气!

如果这次竞聘为东湖路中学校长,我会这样开展工作:

(1)出思路——校长的作用首先是教育思想的引领,用先进的思想引领学校。学习《义务教育法》,贯彻党的教育方针,以习近平总书记系列重要讲话精神为指引,用科学发展观指导工作,遵循教育规律,全面实施素质教育,推进课程改革的深入开展,确立学校的发展定位和发展规划。

(2)抓班子——干部是学校发展的决定因素,只有一流的班子,才能带出一流的队伍。因此自己一定要以德服人,以身作则,率先垂范;队伍要分工明确、高效务实、团结协作。

(3)带队伍——教师是第一资源,要用崇高的目标激励教师,把教师的专业发展作为学校发展的战略任务来抓,为教师的发展搭建平台,建设学校文化,营造师生共同的精神家园。

(4)精管理——基于可持续发展的理念,加快构建现代学校管理体系,建立健全学校的规章制度,坚持依法治校、民主治校。加强制度管理、目标管理、过程管理。

(5)创品牌——通过提高教育质量,创优质品牌,提升学校的社会影响力和社会满意度。

最后我想说,如不能如愿实现竞聘目标,我将一如既往继续工作。我相信:"参与就是成长,好心态成就好未来!"

道里区是我成长的乐土、精神依靠的家园。这次竞聘我就是要回报道里区多年来对自己的培养。面对许多极具吸引力的发展机会,我没有选择离开。虽说人生有诗和远方,但我却更热爱我的故乡,我要在这里生长并倾注真情和心血,给自己的教育生涯一个交代。

借用马云常说的一句话来结束演讲。"人生一定要有梦想,万一实现了呢?"我期待能够有机会带领东湖路中学这支梦之队去追逐梦想,各位专家评委,你们就是我的"筑梦人",再次感谢各位专家评委。

## 试点先行　稳步推进
## 创新体制机制　激发办学活力

各位领导、专家、同仁:

道里区是黑龙江省省会哈尔滨市的中心城区,是哈尔滨市

的政治中心、商贸中心、旅游中心、文化中心，国内十大机场之一的太平国际机场坐落在道里区。全区总面积479.2平方公里，全区总人口92.3万人，其中城市人口82万人。区属公办学校及幼儿园75所，学生总数6.4万人。

哈尔滨市道里区推进办学体制机制改革是贯彻落实国家、省市深化教育改革要求的主动举措，是基于发展现实，解决学校管理僵化、师资倦怠、动力不足及教师队伍整体超编、结构性缺员、新建学校没编等问题的主动创新。

2018年，在哈尔滨市教育局和道里区委、区政府的支持下，道里区教育局、编办、财政、人社等部门共同深入学习、实地调研、专题论证成都市武侯区"两自一包"改革经验，并形成了我区推进改革工作的顶层设计，经过多番研究论证，区委深改办下发了道里区推进"两自一包"改革实施方案，充分下放人权、事权、财权，在哈尔滨市东湖路学校和哈尔滨市群力实验第三小学打造两个版本的改革试点。一是以东湖路学校为新建学校试点，充分借鉴川大附中西区学校经验，探索除核心团队外均由学校自主招聘不占编教师的改革路径；二是以群力实验三小为新区学校试点，探索占编教师与不占编教师比例相当的情况下推进改革的可行性。一年来，我区"两自一包"改革工作得到了武侯区教育局、教研院的鼎力相助，道里区与武侯区携手前行、共同发展的改革格局已经形成，学校面貌焕然一新，教师干劲十足，学生家长满意。哈尔滨市委、市政府要求我们分享经验、扩大成果，为全市教育改革"打样"。

"教师流动"是"规定工作",主要解决师资不均衡的问题。超员学校的富余教师必须流出来,缺员学校必须接得住。我们既看过程也看结果,超员学校究竟流没流动、流出多少,接收的学校到底留没留住、用没用好。

"两自一包"是"自选动作",主要解决活力不足的问题。人员流动、师资均衡后,有积极性的学校继续推进"两自一包"改革,让想干事儿的有讲台、会干事儿的有舞台、多干事儿的有平台、不干事儿的上凉台。我们坚持"一校一策",成熟一所推进一所,确定新一轮改革试点学校8所。其中既有老城区学校,也有新城区学校,还有农村学校、新建学校全部参加改革。

哈尔滨市东湖路学校是道里群力新区一所九年一贯制学校。当"三权"下放给学校,给予学校最大办学自由之时,东湖路教育人深感责任重大,一年多的改革实践,我们感受到:分权是保护,设岗是关键,目标是方向,过程是导向,薪酬是动力,创优是目的。今天,我主要从学校教师队伍建设及薪酬分配机制建设方面向各位专家汇报。

## 一、教师队伍建设

### (一)教师的招聘

教师招聘按照"审查报名资格、笔试、面试(含试讲)、体检、岗位聘用、签订劳动合同"六个环节严格执行。2018年6月,学校从近2000名应聘者中录用66名不占编制教师,招聘比例约为1∶30,除核心团队人员为在编身份,其他教职工均为校聘教

师,其中有放弃公办学校编制的教师。目前,学校有42个教学班、1700名学生。教职工94名,平均年龄不到29岁,教龄三年以上、教龄不足三年、无教学经验教师约各占三分之一。

## (二)教师的管理

我校实施校长负责制下"扁平化管理、共同治理"的民主治校模式,设立"五心五会",各中心下设部室,垂直对接,减少时间、人员上的浪费。管理团队重"五给"——给目标、给方法、给引领、给榜样、给平台;教师团队学"五会"——会微笑、会倾听、会沟通、会合作、会规划,让年轻的老师们工作有抓手。

### 1. 教师身份管理

学校聘请专业律师严格把关校聘教师劳动合同,保障教师权益。学校对教师实行"长短合同制""一年期合同制""严格退出制"管理。

### 2. 教师岗位管理

学校对教师岗位管理主要从学部学年、师资师训、校务督办三方面入手。实行中心管理一贯制,各中心制定相关的教育教学常规管理考核细则,不同学部同步管理,体现"两自一包"新机制下九年一贯制学校教师管理的新特征。

### 3. 教师考核

基于教师的发展需要,学校在教师考核方面采取岗位考核和绩效奖励考核的方式。五大中心依据各中心职能制定考核方案,岗位考核中教师必须达到基本的考核标准,同时侧重过程性考核,强调日常管理,以月考核模式推进。绩效考核从教师的师德师风、教育教学质量、课程开发、业务提升、社会认可度等方面入手。

（三）教师的培养

有教师的成长,才会有学生的成长。学校创设了"行·融汇"教师专业培训体系,搭建"暖、习、研、融、行"并举的教师成长通道,引导新教师扣好职业生涯的"第一粒扣子"。通过读书写作换脑子,培训引领架梯子,模仿实践压担子,团队研修找路子,风采展示搭台子,梯队培养选苗子,课程开发出点子,头雁领航树牌子,"暖"出专业温度、"习"出专业基础、"研"出专业高度、"融"出专业发展、"行"出专业自觉,帮助教师成为更好的自己。如今,他们主动研究学生、研究教学、研究课堂,展示了主动发展、自我发展的积极样态。

（四）教师的成长

"两自一包"的推行,激发了教师干事创业的激情,短短一年,区级"风采杯""创新杯""青年教师课堂教学及专业技能展示"活动共57人参加;市级"烛光杯""四新课堂展示"活动共5人参加;小学部教师在区专业技能展示活动中获特等奖、一等奖共32人;10余人获省科研成果一、二等奖;4人被评为市、区"四有好老师"。学校简单的人际关系、按劳取酬的分配方式、浓郁的创业氛围、持续的专业发展平台,点燃了老师们的职业信仰和教育热忱,年轻的他们携手追梦。现在除了专业课,副班主任工作、值周工作、校本课程等各个岗位都能看到老师们忙碌的身

影,因为他们知道自己是东湖路学校第一批校史书写者!

教师有信仰,教育就会有力量。做好老师、做好教育,让我们影响孩子,让孩子改变世界。改革实践丰润了东湖路教育人的教育生命,激发了东湖路教育人的教育热情,丰富了道里区的教育生态,未来,我们将集合力量更好地打造学校品质、提升教师品位和铸造学生品格,办老百姓家门口的优质教育,我们在路上!

## 二、薪酬分配机制建设

作为哈尔滨市道里区首批"两自一包"改革试点学校,我们通过改革,趟出了一条提升教师幸福感的革"薪"之路。在定薪的调研分析中,我校对在编教师的工资结构进行剖析,发现在编教师工资总额的近90%都是受职称因素影响,工资的获得与其现岗位职责、工作量关联不大,与其工作表现、工作效率、工作成绩无关。因此很多教师把评高级当成唯一职业追求,评上就放松,评不上就放弃。为此,在推进"两自一包"改革过程中,我校全员实行"五以定薪"的薪酬分配机制。

### (一)以"责"定薪

体现薪酬分配的职级作用。学校领导干部位于学校的管理阶层,他们的工作成败更多地取决于他们的责任心,学校针对这部分人实施"薪随责移、责重薪高,责多薪多"的"依责量薪"办法。使他们深刻意识到有为才有位,有位更有为。职责对应,使每位管理者更能够"在其位谋其政"。

## (二)以"岗"定薪

体现薪酬分配的长效性原则和稳定性原则。学校施行"一岗一薪、岗变薪变"的制度。从横向看,不同的岗位对应不同的岗位薪资。班主任岗位是学校正常开展工作不可或缺的重要岗位,其岗位薪资要远超于其他岗位;从纵向上看,为保证教师队伍的稳定性,依据从事岗位年限、能力、经验、引领、工作量等方面,又分为不同的薪级。横纵交织的岗位定薪,全面保障了教师队伍的稳定性和人才发挥作用的长效性。

## (三)以"量"定薪

体现"多劳多得"的分配原则。每学期按照教师课时节数、加班时数、班级人数等变量对其工作量进行合理考量。把值班、值周、值宿、课时训练等项目作为超量工资对教师予以补贴,真正实现干与不干、干多干少不一样的管理模式。

## (四)以"绩"定薪

体现薪酬分配的激励原则。重"绩"就是重"效",我们依托项目考核、学期考核和年度考核三重维度对教师的成绩、业绩、德绩、能绩、勤绩等方面进行全方位绩效考核,真正实现以绩定薪,绩优酬高。其考核结果也作为学校完善制度、优化投入、改进管理的重要依据。

（五）以"优"定薪

有名师才能有名校，让优秀的人一直保持优秀、发展优秀，就要以"优"定薪。学校从各方面设定了名师津贴、骨干津贴、学科领衔人津贴、科室负责人津贴等项目，薪酬重点不断向名优教师、业务骨干、能力突出的教师倾斜。同时每年度动态调整，旨在使优秀教师团体不断扩大化。以"优"定薪不仅体现薪水的增加，更要让优秀教师有职业荣誉感、幸福感。

"五以定薪"看似是薪酬制度的改革，实质是学校办学理念、方向的变革。在管理上：重岗位、重业绩、重效能；在德行上：重责任、重担当、重风气；在使命上：重人心、重奉献、重感情；在初心上：重稳定、重发展、重未来，最终引导教师遇见最好的自己，实现自我的人生价值。

"新故相推，日生不滞。""五以定薪"的分配方案，从根本上唤醒了教师的内驱力，有效激活学校整体活力。面对"两自一包"改革的新机遇，东湖路教育人将继续手捧一颗坚定的初心，办一所有温度的学校，办好人民满意的教育。

# 学习 行走 思考

## 做理念新、领域宽、专业深的教师
——赴澳大利亚学习回顾与反思

作为一名英语老师能有机会去以英语为母语的国家学习、感受和体验生活,一直是我的梦想。很幸运自己能够工作和成长于道里区这片教育沃土,通过考试选拔获得这样一次赴澳学习的机会。在澳大利亚学习期间,除了对本专业进行了学习和研究,还对澳大利亚的学校进行了参观。在这里仅把自己在澳大利亚学习和生活的所思和所感向在座的同行们作以汇报。

我们学习的目的地是澳大利亚国家南澳的首府阿德雷德市。这是一个依山傍水,风光旖旎的花园城市。这里气候宜人,空气清爽,阳光明媚,这得益于澳大利亚的天然位置。这样优越的自然环境也为其人文发展奠定了良好的基础。

### 一、澳大利亚的办学特色

(一)灵活多样的中小学教育是澳大利亚的办学特色

在这个地球最大的岛屿上,我们到处可以遇见华人,他们说着一口流利的普通话。在去往墨尔本的途中,我们与一位来自广州的司机张先生聊起了他女儿的教育。"女儿过完五岁生日,我就把他送进学校了。""你女儿生日正好赶上学校招生?""在这里,孩子无论什么时候年满五周岁,随时都可以进入学校上学。"原来澳大利亚实行12年义务教育,政府规定五岁儿童必须入校读书,否则会违法。换句话说,这里的小学随时可以接受新生。

"孩子如果学习跟不上怎么办?""根本不存在这个问题。"张先生说,澳大利亚小学学习十分轻松,孩子们每年有三个假期,从来没有课外作业。相对而言,开发各种其他能力显得尤为重要。体育课抓得很紧,学校里的体育设施齐全。

如果学生对学习产生了厌倦,或者对社会某项职业或其他事物产生兴趣,随时可以离校,学生的学习档案会被妥善保管在政府专门设立的"教育资格认证局"。我们听到这样宽松开放的教学管理模式有点惊讶。

由此可见,鼓励教育使人充满信心,健康的体魄使人乐观向上,可进可出的管理使人感到学习是自己的事。在这样的教育环境中成长起来的青少年,不会把学习作为负担。

澳大利亚的中小学教育模式与英美相近,注重学生在学术、个人素质及交际能力等方面的发展。学校课程大致可划分为八个主要学科,包括英语、英语以外其他语言、数学、科学、健康与体育、技术、社会与环境学、艺术。在这八个学科之下有一系列科目供学生选修。不同学校可供选修的科目略有不同,而英语则属必修科目。在澳大利亚,学生通过教师的讲授、小组活动及个别研习的方式来学习。教师的教学模式以学生为本,教育的宗旨在于培养学生的自信心、主动性及思考分析能力。

给我留下印象最深的是蒙特梭利幼儿园和举办的教学展示。他们的教育理念深深地感染了我。该学校提供一个具有爱心和鼓励的环境来满足孩子们的需要,他们的方法取自 Dr. Maria Montessori 所提出的理论和教学法,配合现代教育发展趋势理论。根据 Dr. Maria Montessori 的观察,孩子们是从日常生活中的不断实践来获得知识的,因此他们开发出各种不同的活动来满足孩子天生的学习欲望。一个理想的蒙特梭利教室应符合一般和特别的需要,从日常生活区和感官区教具,到较为抽象的数学区、语言区和科学区,在一个设计完整的环境下和合格教师的教导下,孩子们的学习过程变得有趣生动。

学校的主要目的在于提供一个精心设计且能够激发孩子心智的环境,以帮助孩子们在内心驱使下,发展基础的习性、态度、技能以及概念,这些对于孩子一生的创造性思考与学习都是十分重要的。

**教学目标**

1. 使孩子能发展出对学校与学习的正面态度。

2. 帮助每个孩子自重与自信。

3. 帮助孩子建立起对于事物研究的专注力。

4. 帮助孩子发展好奇心。

5. 帮助孩子养成主动与坚持的习惯。

6. 使孩子有内在的教养。

7. 开发孩子运动神经技能以便锻炼应激与反应能力。

8. 帮助孩子发展自身价值和潜力。

**教育精神与理念**

1. 把握学生的敏感期,从小开始教育

尚未睁眼的幼虫之所以能喂饱自己,是因为此时它们对光线具有特殊的敏感性,此种能力使之轻易寻获树上的嫩芽而进食。可是,一旦脱离幼虫期,这种敏感性便会消失。在幼儿发展的不同阶段中,同样也具有这种敏感期。在0—6岁的阶段,幼儿对运动、感官、语言、数字、艺术、情操等能力皆有不同的敏感期。孩子的每一个遗传因子(各项能力)会因不同的年龄而有不同程度的发展并具有其关键的敏感期,在敏感期,如果孩子能受到良好的教育,则孩子的各项能力才能得到充分发展。因此,蒙特梭利认为教育应及早开始,晚了就会丧失学习的黄金阶段。

2. 尊重孩子的想法,让孩子自然地成长

由于现代社会生活节奏快、竞争压力大,为了使自己的孩子不落人后,父母总会强迫孩子去学很多东西,左右孩子自我发展的方向,使他们在无形中迷失了自己,这对孩子将来的发展非常不利,常使他们丧失掌握自己未来的能力。因此,该校认为:"一个成年人应尊重孩子的想法,帮助孩子往最适合自己的方向自然成长。"当孩子对外在世界伸出触角时,成人在一旁担任辅导者而不是主宰者的角色。

该校引导孩子从事认知活动时,总是以建议而不是命令的方式，因为用间接的方式更能引发孩子的热忱，使孩子学习无心理负担，凭自己的意志去判断什么是想做与该做的事，养成独立自主的习惯，将来碰到大风大浪，他们皆能靠自己的力量，以坚强的意志克服困难。

3. 让孩子从体验中学习

学生具有无限发展的可能性，3—6岁，多用手可促进大脑的发展。基于此，该校采取以实物辅助教学的蒙特梭利教学法，帮助学生从实际体验中，获得可以真正内化的知识。

4. 重视精神教育

教育孩子应首重精神教育，然而成人却给孩子太多形式上的教学，忽略精神教育的重要性。

因此在只重形式教育下成长的孩子，做任何事都会往简单、舒适、有利于自己的方向去做，不考虑人与人之间的关系，会排斥许多事物，在精神层面上也很难接受新的事物或去体谅别人的感受。

**教育环境**

环境对孩子成长的影响非常大，因为良好的环境可以触发孩子学习的好奇心，使学生身心获得充分发展。该校非常注重环境的布置与设计，在教室布置方面，老师每天皆会做些改变，加入新的东西。当窗台上多了一朵花或玩具改换了新的包装盒，教室气氛也会随之改变，形成新鲜感，让孩子觉得每天进教室像是在冒险，从而兴致盎然地学习。

**教学方法(教育方式)**

为了让学生能在情感、认知及技能三个方面均衡发展,该校在教学方法上特别注意如下几点:

(1)重视对学生不同发展阶段的了解。

(2)尊重学生个性差异,即使进行团体活动时,也不忽略个体。

(3)注重学生自我实践。

(4)注重学生学习的自发性,实行启发兴趣及根植于生活经验的综合指导教学。

**教师角色**

该校希望教师能仔细观察孩子对各项活动的喜好,所以在教学中,教师扮演的是观察、辅导的角色。或许参观者会觉得教师并没有在教育儿童的方式上下什么功夫。不过,实际上教师在背后针对每个孩子的不同情况做了许多辅导工作,这对教师来说更具挑战性,也更加困难。

我认为从蒙特梭利的一些教育教学理念中,我们可以吸收一些精髓来指导我们的教育教学工作。

(二)职业培训与教育"技术立国"是澳大利亚的国策

澳大利亚的职业技术培训和教育的完整性是令人惊叹的。现在绝大部分职业培训全部由澳大利亚一千多所职业技术院校提供,满足各行各业培训人才的需要。

职业技术学院(TAFE)分为政府与非政府两种。政府的职业技术学院一般由政府拥有及管理,而非政府的职业技术学院则由私人拥有和管理。

职业技术院校最直接的特点归纳起来有四点：

1. 课程种类繁多。涉及会计、园艺、建筑、艺术及设计、美容学、商学、饮食、烹饪及食物加工、托儿、计算机及信息科技、绘图、电工电子、机械及土木工程、英语、环境科学、时装设计、健康、福利及个人服务、酒店管理、图书管理、制造业、海事工程、渔业技术、市场推广、医药试验、秘书课程、旅游业管理等课程，全面地为社会培养所需的人才。

2. 注重实践。在TAFE里我们看到学院内设有职业实践的车间和设备，还有供师生们外出实习时专用的"移动办公室"，根据专业不同，设置有不同的小型实验室、计算机房等，使学生真正实现了学练结合，学以致用。

3. 开设针对不同入学文化程度的专业课程。职业技术院校的学生来自社会各层次人员，有初中毕业生、高中毕业生，也有企业或农场的职工和农民。学院内设有针对不同文化程度设计的课程，让学生在原有的基础上继续提高，并拥有一技之长。

4. 学术资格普遍承认。TAFE与各大学院有密切联系，越来越多修读TAFE课程毕业的学生，通过TAFE与澳大利亚多所大学的协议，获得学历资格的认可。学生修读的TAFE课程或特定科目，在升读有关大学学位课程时，可获得承认而得以免修，为升读大学铺路。

尽管我们在澳大利亚简略地参观了几所学校，却收获颇多。我们能清楚地感到中国学校和澳大利亚学校之间的差异。

## 二、丰富紧张的学习实践

我们此次的学习任务主要分为三大板块,在校的理论学习、教学实践及参观南澳不同层次、各具特色的学校。其间遇到了许多优秀的同行,他们教育理念前卫,观念新,最重要的是他们的学历高,资历厚。不断地接触,也让我们感受到他们的人格魅力。

院方特意为我们聘请了南澳最有名气的教法专家——Matt Wilson,他主要致力于英语作为第二语言或作为外语教学的方法研究,他资历深厚,阅历丰富,曾游学过亚非拉等20余个国家。对亚洲的英语教学环境有他自己独到的理解和体会,这也便于我们师生间的交流与沟通。在这位资深老师的帮助和指导下,我们开始了澳大利亚为期两个半月的学习与生活。

Matt老师是一位治学严谨、计划性强的老师。在我们刚下飞机去往住地的车上,他就把第一个星期的课程安排发到了我们每个人的手里,征求我们的意见和建议并进一步完善教学计划。这样带着明确的任务,我们便投入到了紧张而又陌生的学习生活中去。通过对我们听说读写能力的考察尤其是30分钟的个人英语表达能力的考察,他为我们制定了切实可行的教学计划。我们常开玩笑说,计划没有变化快。他会根据我们的反馈和需求来调整每周的教学内容。尽管每周的教学内容会有所不同,但他的英语理论教学法(English Teaching Methodologies)却贯穿始终。寓枯燥的理论学习于灵活多样的教学方式中。他把每一种教学方法用不同的教学资料展示给我们,并让我们讨论、理解、消化。通过模拟小课堂来了解我们的掌握情况。针对英语教学的实际需要,Matt老师又把语法、听力、口语、精读、泛读课等作为独立的板块来展示其独特的教学方法,而且毫无保留地把自己多年来的教学心得与我们分享,让我们领会其精髓,并真正达到学以致用。

学院把我们安排在 Thebarton Senior College 进行为期十天的教学实践。这所学校的特殊性在于大部分学生都是难民,有的是战争避难,有的是政治避难。他们的肤色不同,社会和文化背景迥异,学生的水平参差不齐。有的学生在自己的国家连校门都没进过,而有的学生已经读到大学。这部分学生的学习费用由政府提供,也因其学费低廉而吸引了刚刚来此的留学生和移民人员。学校开办的主要科目有:英语、数学、自然科学、计算机。所有的教学工作由 ESL(是针对母语非英语的并把英语作为第二语言的语言学习者的专业英文课程)教师来完成。鉴于此,学校把我们每两个人一组分配给一个 host teacher(主讲教师)和两个 assistant teacher(助理教师),我们被要求全面地参与教学全过程,帮助老师准备教学材料,辅导学生完成学习活动,并参与学校组织的各项活动。大家深入不同的课堂,领略不同的教育理论、教学方法及教学策略在实践中的魅力。在这里老师们的课堂组织技巧更得到了淋漓尽致的发挥,因为大家不但要准备多种语言学习的教学活动,还要面对那些没有章法的学生(如上课时有的孩子把脚放到了桌子上等)。在这里老师们的耐心和爱心面临着巨大的挑战。老师们的人格魅力更胜过了

渊博的学识。大家用自己的诚心感化着这些未开化的孩子们，使他们意识到文明与尊重的必要性。我们接触的 new arrivals（新移民）在得到帮助后，吝啬到连谢谢都不说，其实不是不说，而是不懂为人处世之道。但是在这所学校里生活和学习了一段时间之后，学生却能够学会尊重他人、理解他人。如果说与这些来自世界各地的、年龄不一的学生进行交流存在一定困难的话，那么让我们 14 个人感觉压力最大的事情莫过于这里的教学实践课了。按照 Matt 老师的要求，我们要把在澳学习的理论和方法运用于实践中。一是难在学习材料的选取，我们本以为能够得到 host teacher（主讲教师）的帮助，但是他们却要求我们根据自己对学生的了解，自我选材。学习材料既要引起学生的兴趣，还要难易适中，还要能够运用和展示我们的学习所得，于是我们充分地利用他们的教学资源、图书馆和 drop in center（社会服务或慈善机构为民众开办的，兼咨询服务的活动中心）来查找整理资料，编排教案，而且要通过 host teacher（主讲教师）和 Matt 老师的审核。他们也不厌其烦地为我们完善教案，足以见得他们治学的严谨性。二是难在我们的教学对象，他们浓重的口音是我们沟通的最大障碍，为此我们抓紧分分秒秒与他们交流沟通，以便熟悉他们的口音，了解他们的思想。从备课、备学生到教具的精心准备，我们有充足的信心迎接严峻的考验。一分辛苦，一分收获，我们的教学实践课受到了老师的高度评价。

在澳大利亚学习的一幕幕还在眼前，老师们的一举一动还历历在目。但我想大家身上共同的特点是：

1. 阅历深,学历高,敬业乐业,有奉献精神。

2. 教育理念的核心是爱。

3. 教学方法灵活,教学形式多样,每个老师都有自己独特的教学风格。

4. 善于开发教学资源。每个老师都潜心于教学资源的开发和整合,并参与共享。

5. 善于创造民主、和谐、宽松的教学环境,与学生关系融洽平等。

6. 教学评估方式是发展性评价,比较有特色,每个不同时期给予学生不同的评价。

7. 用欣赏的眼光去看待学生,鼓励学生的点滴进步。赞美的词汇很丰富,如:good、beautiful、great、excellent、terrific 等。Matt 老师说过,不要吝啬你的鼓励语言,也许你的一句无意中的赞美,就可能对学生的终身发展起到决定作用。

8. 充分地信任学生,放手让学生去做每一件事情。他们深信能力的培养来源于日常生活中的实践活动,提倡体验教学。

9. 明确学生知识与心理的需求,真正地做到以人为本,以学生的发展为中心。

10. 教学表情丰富,善于运用肢体语言。

11. 身教胜于言教,真正做到了为人师表(Matt 迈特老师捡垃圾)。

正像我们在毕业告别宴会上,该学院的院长所说的一样:澳大利亚的学习生活结束了,但愿它能成为你们人生经历中的一

朵奇葩，就像一只 Flying bird 永远飞翔在理想的天空，创造出更辉煌的成绩。今天回想起这句话，依然还有激动在心中。在我们新的教育改革形势下，我们有了更明确的发展目标，要不断地更新自己的教育教学观念，用新的教学理念来指导自己的实践，同时要不断地拓展自己的知识领域，加深自己的专业知识与技能，使自己不断地成长，真正地成为被学生所需要的老师，成为最优秀的自己。

我想用一所中学的校训结束我今天的发言：

One hundred years from now

It will not matter

What kind of car I drove

What kind of house I lived in

How much money I had in my bank account

Nor what my clothes looked like

But one hundred years from now

The world may be a little better

Because I was important

In the life of a child

（从今开始的一百年后，无论我曾经开过什么样的车，住过什么样的房子，我的银行里有多少存款，更无论我的衣着如何，那都没有关系。但从今开始的一百年后，世界会因为我在孩子的生命中曾经重要过而变得更加美好。）

# 自己培养自己

每一位教师心中都有那样的一道孕育着朝阳与绚烂的地平线,它是我们穷极一生去追寻的理想。此次江苏之行的跨区域实践研修活动,让我们每个人都对心中的那道地平线眺望得更加清晰。我们要成为什么样的教育家?我们如何自己培养自己?

## 一、不断提升创新能力

在江苏学习,一个突出感受是专家、校长和名师的批判精神,我想这就是教育家应具有的创新特质,我们需要加强的也恰恰是批判和创新。没有批判就没有创新,批判就是创新的突破口。

从江苏学习回来后,我在某班级搞了一个调查,请学生写出对某教师教学的意见和建议。我一共梳理出能够反映学生学习需求的12条意见和建议。产生问题的根源在于该教师并不真正了解学生的学习需求,很大程度上是为教而教、为考而教,并非为学而教,问题的背后则反映出该教师学生观、教学观和对教学本质认识的缺失。因此,教师要善于自我批判,基于并满足学生学习需求的教学才是有活力、能发展的创新教学。

即便如此,学生成绩也未必令人满意,所以时常会有令人痛心的事情发生。如果孩子们的生活全被作业占据了,没有自我、没有快乐,学习只能是负担,孩子将没有未来,教育也不会有未

来,何谈创新。因此,课业负担过重这一问题亟待破解。除了体制因素外,每位教师必须敢于担当重任,名校之名在于名师,名师之名在于创新。再苦再累也要研究一条"少作业、轻负担"的高质量教学路径,把负担从学生那里挑在我们的肩上,让孩子们学会学习,丰富业余生活,不要让分数成为学生打败同伴儿的利器,教育的价值远不止是分数,教育要为人的生命提供成长的可能。我想,这就是最好的创新。

在急功近利的喧嚣中,我非常喜欢"静待花开"的"无为"教育思想,因为其中蕴含着以人为本的教育思想,也许返璞归真、尊重规律本身就是创新的最好明证。

从某种意义上说,从名师到教育家也是一个不断蜕变、不断超越自我的过程。在这一过程中,自我扬弃式的批判是手段,更是关键。没有批判就没有创新,没有创新就永远没有教育。在原课题研究过程中,由于没有处理好学生个性自由发展与自律的辩证关系,这也就限制了学生自由天性的成长。如:自律性强的学生,最容易限制自己的个性发展,因为过重的作业负担占据了他们所有的时间。繁重的课业又是天性自由的学生最难以忍受的,要想让学生乐于受限,就必须让他们享受到受限的乐趣与价值,还给学生教育的本真,于是我增加了"自主和自助"方面的研究内容,在自律研究的同时,更突出为学生们的个性化发展构建平台,使每个学生都能做到在民主快乐自律的氛围中成长。这样我的课题会更科学,更符合学生成长的规律。

创造经验的核心价值,在于立足教书育人的实践不断创新,完善自我。我们要从经验的转移者走向经验的创造者和传播者。说起创新,我们可能都会认为它很大、离我们很远,实际上它可以很小,离我们也很近。

说它很小,是因为育人都是平凡的小事;说它离我们很近,是因为它是我们教师每天都会遇到、发现并需要解决的问题。寻找解决这些具体问题方法的实践,不断改进和修正教学行为,就是实实在在的教育创新。

从江苏回来后,我便致力于教育微创新的推进,引领着教师进行了诸多对教学问题的微研究和对教学行为的改进。如我们发现以往教师进行教学设计时,一般在确定教学目标后,主要是为自己设计"怎么教",并不管学生"怎么学",于是我们引导教师在确定教学目标后,首先考虑学生要有怎样的学习活动才能达到这个目标,然后再考虑教师要采取什么样的教学策略才能组织和引导学生进行上述活动。就是这样的改进,使教学设计更突显了以学定教,真正实现了以学生发展为本,切实提高了教育质量。

其实名师的形成是一个积累的过程,不积跬步无以至千里,这就是微创新积累的作用,也是微创新和创新的关系。

## 二、不断完善自己的道德

著名教育家洪宗礼,一次在唐山参观地震展览馆,他两眼睁得好大好大,看得仔细入神,突然,他大叫一声奔了过去:"就是这一张!"全场惊愕了,解说员的话语也停了下来,人们不约而同地将目光聚向了他。顾黄初教授开玩笑地说"老洪,你发什么神经,一定是又发现跟你语文教育有关的宝贝了!"洪宗礼还未走出极度激动与兴奋,仍喃喃地说:"找到了,终于找到了!"原来,他主编的教材中《十五天:最后的五个男子汉》这篇课文的配图找到了。洪宗礼就是这样一个将热爱融入血液和生命中的人。

他把教育事业当成自己的人生理想,无时无刻在想着教育。

他把教育当成一种生活方式,任何时候都能发现教学资源。

他把自己生命融入为学生发展服务的神圣事业中,时时刻刻寻求着为学生发展服务的载体。

洪宗礼为什么能团结组织那么多精兵强将共同编写教材?南京师大特级教师王栋生一句话道出了真谛:他自愿成为一匹老马——痴情于自己的事业。我们被他的道德感召,聚集在他的麾下。从洪宗礼先生身上,我们进一步认识到:教育家还必须是育德模范,要用自己高尚的道德不断地影响感召其他教师,从而不断完善学生的道德。

洪宗礼先生给我们的启示就是,我们要不断完善自己的道德,更加热爱自己的事业,激发出自己更多的创新活力。完善学生的道德始于完善自我道德。

### 三、做信念的坚守者

此次江苏研修,也让我感悟到教育家的创新和成长是一个有热爱相伴、有信念支撑的事业坚守之旅;让我再次意识到为了把教育改革和创新之路走得更为坚实,我们需要坚守以人为本的课堂、坚守以人为本的研究引领。

坚守以人为本的课堂。从魏书生到李镇西,从卢仲衡到邱学华,他们都坚守在教育教学的第一线。只有坚守这样的课堂,我们才能了解教育的真问题;才能获得解决问题的灵感;才能找到教育的真谛;才能读懂学生,真正办出被学生接受和喜欢的教育。课堂是教育的源头活水,实践是获得真知的有效路径。所以,越是教育家,越要贴近课堂,贴近学生,才能给我们的教育生命以滋养,体现教育家的价值。

坚持以人为本的教育研究引领。作为一名一线教师,我深知自己的长项和短板,在每节课的设计上,在每个学生的教育上,甚至每个班集体的培养上,积累了丰富的经验,但对于教育规律的认识,对于学生发展规律的认识,对于区域教育、学段教育的整体理论构建上,我也有短板的地方。所以今后的工作中,我觉得自己要有意识地跳出对具体事件的认识,探寻学校教育的发展规律。坚持规律研究,就不会出现东风老师提到的成绩成为学生手中PK同伴的利器,而成绩应成为有助学生自我成长的武器。以研究的态度投入工作,会让我们的工作更科学;会让我们将求真的意识传递给学生、传递给教师。这正是实践教育家行走在教育教学实践中的意义所在。

未来教育家不是称号、不是荣誉,而是一份沉甸甸的责任。

教育家离我们有多远?我们不断眺望天地间那道蕴含着生命华光的地平线,既然目标是地平线,我们留给世界的只能是不断追寻的背影。

## 做一名传递正能量的教育实践者

"成功的教育都是具有正能量的教师而为,实施这样教育的人也往往被尊称为名家大师。他们在教育理念、教育方法、教育手段、教育成效上各有千秋,各有妙招。他们的教育可能是点卤之术,可以点游离之浆为凝脂;也可能如点石成金之术,能将丑陋之石点为赤金;更可能是点种之术,可以点休眠之种为茁茁禾苗。相反,如果你苦口婆心,他无动于衷;你好说歹说,他置之不理;你掏心掏肺,他冷若冰霜,这自然都不能算得上是教育。如果教育是这个样子,那也只能说是无用又无能的教育,与我们期待的可以释放正能量的教育相差甚远。释放正能量的教育才是合乎规律的教育、正确的教育、有益的教育、有效的教育。教育的主阵地在学校,从这个意义上讲,大大小小的学校就如一座座大大小小的加油站,输送着知识能量和道德能量。"这段话源于《中国教育报》中《释放教育正能量》一文。

初看这段话时我被深深震撼,作为一名哈尔滨市未来教育家首批培养对象的一员,我一直在摸索中朝我的教育梦奔跑,曾经有过南辕北辙的经历,也曾经在原地转过或走过曲曲折折的弯路,这次有机会去江苏参加培训,聆听了许多教育专家充满正能量的讲座,让我愈发觉得正能量是教育之利器,在社会关注教育、诟病教育、期待教育的当下,我们从许许多多的优秀教师和师德楷模身上,看到了教育的魅力。随着自己不断地走近教育大家,深入学习与实践的过程中我也越发感到肩上的责任之重,做一名传递正能量的教师,把充满正能量的课堂还给学生将是我今后不懈的追求。

抬头看路,中国的教育正在回归其本真:"教会学生做人,教会学生学习",一名充满正能量又能传递正能量的教师才可以称之为"名师";一所着眼于学生终身发展的学校才能称其为"名校"。

## 一、教师要用高尚的人格感染学生,用无私的爱传递正能量

教师应该通过不断的学习来充实自己、完善自我。精深的专业知识、开阔的人文视野、深厚的教育理论功底及批判主义精神是此次学习中几位教育专家留给我的第一印象,也是我需要不断完善自我的方向。教师一定要通过阅读和学习把自己打造成一部让学生百读不厌的书;并且通过学习,汲取教育教学工作的精神营养,把这种精神营养转化为自己的工作能力和综合素质,充分提高教育教学效果。同时,教师要以完善人和丰富人性、充实文化底蕴和生活情趣、体验人生为目的为"自我"而学。这种学习有助于教师用更广阔的视野来思考和实践新课程,用更为厚实的文化底蕴来支撑教育教学,用更完善的人格魅力去熏陶和感染学生,所以搞教育就要做有温度的教育。有温度的心能够温暖学生的热情之心,能够感化学生的真情之心,能够激发学生的奔放之心。满腔热忱,带着热情投身事业,热爱教育,甘之如饴,投身工作之中,不疲倦,不厌倦,不懈怠。满怀激情,

带着情感走向学生,热爱学生,融入其中,说有温度的话语,建有温度的课堂,办有温度的教育,陶醉于学生的成长中。教师应当德才兼修,表里如一,走得直,行得正,做得端。正所谓身正为师,德高为范。作为教师,既要认真备课,精心设计,也要认真审视自身的言行,设计自身的师者形象,让学生瞧得上,让家长看得起,让社会无非议,心服口服,使自己的社会公德、职业道德、家庭美德、个人品德绝不突破社会的道德底线,起码高于大众的道德地平线,树立起为人师表的师德天际线。只有这样的教师才能用自己高尚的人格感染学生。

没有爱,就没有教育。爱是教育的基石。陶行知先生以德立教,"爱满天下",成为"万世师表"的楷模。正是由于他有了这种深切的"爱",才有了他那种"千教万教,教人求真"的执着追求。教师为师有道,积蓄正能量,要做爱的使者。我们的任务是真诚地将我们的爱心雨露播撒在校园的每一个角落,让爱心之春水流进每位学子的心田。我们在教育教学中,应该无私地把爱撒向每一个孩子,平等地对每个孩子,了解他们特有的情感世界,懂得他们失败的痛苦和成功的喜悦,让他们在学习过程中时时体验到老师对他们的关怀,时时感受到努力得到的肯定,体验到学习的快乐和成功。当老师把一颗真诚的心交给孩子,公正地对待每一个孩子,公平地把爱和温暖送给每一个孩子时,孩子小小的心定会融化在师爱中,在学习生活中找到快乐,愉快地接受教育。我们的学生也会成为一个个充满正能量的孩子!

## 二、学校要遵循教育规律,执教有法,传递有效的正能量

曾经看过这样一则调查报告,现在学生的基本状况为:一是学生们很难兼顾全面发展。现在初中升学压力大,教学围绕中考转,课堂上是中考考什么讲什么,课下除了补习班还是补习班。在升学压力不减、中考指挥棒不变的今天,学生的兴奋点和时间越来越固化于考试学科的考试题目,学生主动思考和动手动脑越来越少,学习兴趣和爱好越来越窄,根本无暇涉猎课外书,也无暇延续小学时段的特长培养。从每学期各班召开主题班会上学生的发言看,学生思维广度越来越窄,大多数学生的视野仅仅停留在学校和家庭、学习和生活,无法聚焦社会,做到"家事国事天下事事事关心"。二是学生们不能做到主动发展。现在的社会比以往任何时代都重视教育,然而现实中更加重视教育的是家长、校长、老师,而不是学生;家长花钱能请到名师,却买不到孩子的热情;教师授课能教会学生知识,却唤不起学生的主动;学校严格管理能保证教学秩序,却提不高学生的学习效率。在整个学习过程中,学生在被动地接受老师和家长给安排的一切,缺少兴趣,缺少热爱,缺少主动,缺少快乐,甚至导致学生厌学,这一直是困扰我们的难题。三是学生们很难实现可持续发展。学校教育绝不能仅仅止步于学生在升学考试中的胜出,更应该寄希望于今天的教育无论从意识上、方法上还是能力上能为学生的终身学习和未来发展打下良好基础,让学生有兴

趣爱好和自主学习的能力,让学生将来离开老师也一样会学习,具有可持续发展的能力。然而"一支粉笔讲到底""满堂灌"和"题海战术"等落后的教育技术,让学生渐渐成为只会模仿和做题的机器,缺少动手动脑的实践能力;长此以往,我们的学生永远离不开老师,我们的学生可能直到毕业甚至进入大学校园也找不到自己的方向、爱好和特长。这就是典型地违反了教育规律,违反了学生身心发展的规律。

教育的规律就是教育的道,掌握教育的原理和规律,按照教育的规律法则办事。之后是传道,传方法之道,显神通之术。通俗地讲,就是把知识能力的"饺子"煮熟了,倒出来,学生吃得下,吃得饱,吃得香,消化得了。这个过程关键是要建立某种通道,形成某种对接,主要是要配好手中的万能钥匙,针对不同的学生,能一把钥匙开一把锁,打开学生的心门。传道的过程是教育能量的传递迁移过程,要在迁移的过程中将能量传输到接收者的通道,保证能量在迁移过程中不但不衰减而且能倍增。所以在教育教学活动中,学校、教师必须做到按规律办事,有效地传递正能量。课堂应以学生为主体,以教师为主导,充分发挥学生的主动性,关心每个学生,促进每个学生主动地、生动活泼地发展,尊重教育规律和学生身心发展规律,促进学生健康成长。如今只有转变教师教学方式和学生学习方式,进而激发学生的学习兴趣,培养学生主动学习的意识和习惯,提升学生自主学习的能力,发展学生的爱好特长,促使学生掌握一至两项动手动脑的技能,鼓励学生从乐学、会学走向学会、学好、学优,无论是现在在校学习,还是将来从事专业学习都能受用。这才是教师传递的有效正能量。

近年来,我校一直在探索着课堂教学的有效模式,教会学生自主学习、培养学生自主学习习惯和能力是我们的追求。这次赴江苏培训学习,我惊喜地发现南北方的教育理念与尝试竟是如此相似,回来后我在想这就是一种遵循教育规律的有效方式,在这样有效的尝试中学生获得的不只是知识,更有自主学习的意识与能力,以及一生受用不尽的合作、善思、勇敢、乐学和欣赏他人的优秀品质!这才是为学生的终身发展奠基。从学校办学的角度看,办学的方向把握好的同时,具体的评估细则与跟踪也必须到位,这样才能形成良性的循环,学校充满正能量,教师传递正能量,学生必会是焕发正能量的希望!

一直以来,我深信传递正能量的课堂应是一种焕发出强烈生命活力的课堂。这里不仅有读书声,更要有掌声、笑声、碰撞声……唯有师生之间的心相印、情相通,才能在这样的课堂里完成师生的共同成长!

作为一名英语教师,在英语本身不是母语的前提下,如何让学生在课堂上以最快的时间将所学知识记牢?多年来,我一直在践行英语"愉快教育"理论,力求唤起学生对所学知识和学科的一种积极情感,尊重、爱护和引导学生在英语学习过程中所蕴含的求知热情和探索精神,使学生以轻松愉快的心情学习、思考并获得知识。

21年来,我一直坚持导入新课就要讲究艺术。有时是根据教学内容,选择一个幽默笑话、一则谚语、一首英文歌曲,或由学生进行英语自由演讲,活跃气氛的同时,也激发孩子们的学习兴趣。对于低年级的学生来讲,创设情境是我常采取的教学法。就拿学习问路与指路这一话题来说,我会让学生把课桌之间的左右及前后间隔想象成一条条道路,再把一些座位当作某些固定场所,然后让学生从座位上走下来,亲自来找找自己要去的地方。孩子们很快就能将所需交际用语熟记。因为没有情境的语言是苍白无力的,只有当语言与情境联系起来时学生才会印象深刻,声形意有机结合能促进学生准确掌握所学知识。

对于高年级的学生,我正在实践思维导图在英语教学中的应用。思维导图是一种学习和思考的工具,是一种以图形为基础的结构化扩散思考模式,通过分类与层级概念,网络化、系统化地整合信息。这种教学思维模式的改变集中体现在:创设情境,用熟练运用代替背下来;找到一个关键点,代替无序记忆。促进了教师教学方式和学生学习方法的改变,提升了课堂教学的有效性。英语学习,首先要过的是单词关、词组关,然后是句子,进而是段落篇章。过去老师们常常采用的做法是让学生背诵单词,背诵词组,背诵课文。对一种语言的学习,背诵是必要的。但是,学生们却认为很枯燥无味,学生英语学习热情得不到激发。在思维导图应用的过程中,学生们领悟到寻找文章脉络与内在联系的重要性。思维导图作为一种以放射性思考模式为基础且收放自如的方式,不仅能使课文结构化,而且能把课文的内容以"主题—框架—细节"的方式在学生脑中呈现。在潜移默化的影响和作用下,这种阅读思维激发了学生的创造力和想象力,锻炼了学生的思维,提高了他们的英语综合运用能力。

针对阅读课,我正在实践着"以读促写,读写结合"的授课模式。读写结合课,通过对学生阅读理解技巧的有效指导,延伸到对阅读积累实施方式的有效指导,使学生找到一种提高阅读能力和书面表达水平的最有效途径,那就是"阅读积累"。通过"输入—梳理—内化—输出"等教学活动;通过教师的"帮、扶、放"教学过程;通过对学生提出不同的阅读要求,使学生在完成指定阅读任务的同时形成一定的语言技能。着重突出阅读理解、技巧、积累、拓展、写作等方面的指导,进而真正实现"一篇多用、一举多得"的效果。这种阅读写作课的探索模式,体现了新课程的理念,最关键的是减轻了学生英语学习的负担。

多年的探索使我坚信:课堂就是我们师生用英语交流的平台,没有抽象的知识传授,只有形象的感知过程。我喜欢教学中师生顿悟的刹那感受,那种在自觉主动求知后收获的欣喜超出一切赞誉的光环,因为这是我们师生间能量的传递。

此次赴江苏培训学习更使我坚信:成为"名师",办一所"名校",其实并不是为了"名",成名的路其实并不拥挤,因为并不是每一个拥有梦想的人都能持之以恒地追寻。在这条路上我们努力让自己成为一名践行者,哪怕风雨来袭,哪怕孤寂难耐,撑一支课改"长篙",携正能量去寻梦!

## 尊重个性差异　为每个学生的发展负责
### ——我眼中的新加坡教育

对新加坡的印象要追溯到初中地理考卷上曾出现过的一道题：亚洲"四小龙"中东南亚国家指的是哪个国家？那时我就已经对新加坡这个城市国家充满了好奇，这么小的国家，经济实力为何如此强大？随着时间的推移，自己走上三尺讲坛，作为一名教师，我真切懂得了国强来源于民强，民强来源于教育。而今，作为"哈尔滨市首批未来教育家培训班"的一名学员，走进新加坡，通过十余日的考察、培训，对新加坡教育的发展现状、人才培养、课程设置，以及国际化教育等方面有了一定的了解。突出感受到新加坡教育的分流制度有利于因材施教，有助于提高教育质量，适应了国家对不同层次人才的需要。新加坡整个教育体系呈现出"多渠道、相互通畅、课程同异相兼"的特点。正如刘华北教授向我们介绍的新加坡教育的使命是：塑造新加坡的未来。我们致力于栽培每一名学生，让他们可以展现自己的才华，发挥各自的潜能，培养他们成为好公民，对家庭、社会和国家持有责任感。新加坡的教育是如何实现这一目标的？在学习的过程中，我将自己的关注视角主要落在以下几个方面：

### 教育环境

新加坡的教育环境在全世界来讲都可以算得上是顶尖的。

政府投入了大量的资金和精力,无论是软件还是硬件方面都是一流的。先拿硬件来说,政府的资金投入绝对到位,仅次于国防的投入。新加坡小学到高中就资金来源可以大概分为两种学校,公立学校和私立学校。公立学校主要由政府资助,而私立学校多是由校友会捐赠。公立学校的设备以及各种活动经费大部分由政府出资,而新加坡的政府在这一方面很是慷慨。他们秉承培育出优秀的精英和更加有竞争力的劳动力,所以在教育方面的投资从来不吝惜。在软件方面,新加坡对于师资更是有严格的要求。教师要经过专业的培训并且要有一年的实习期才可以正式参加工作。这一点与国内很相似。

**教育理念**

在教育理念方面,新加坡学校更侧重于学生的多元化发展。不同于国内的侧重点在于学生的学业发展,新加坡更注重培养未来的领袖精英。很多学校的校训都是把领袖才能放在第一高度。例如圣尼格拉女校的校训:"A Leader in Every Student",就是指要培养每位学生的潜在领袖才能。而新加坡学校丰富的课外活动就很好地体现了这一点。除此之外,新加坡还重视学生的特长发展和个性化发展。体育特长生和艺术特长生都有很好的机会在自己喜欢的道路上进行发展。每位学生可以参加各种各样的课外活动和社团。课外活动是新加坡学校的重头戏,是学生从小学到高中都必不可少的与学业同等重要的校园生活。同时,它也是考核学生的一个重要标准。很多大学和机构的奖学金评选就取决于学生的课外活动表现。所以,新加坡学校更

加注重学生的多元化发展,而且在实现这一目标的实践当中也非常成功。

**课程选择**

新加坡近年来的教育改革使得学生的偏科倾向大大减轻。拿初中举例,学生的选课表里必须要有母语、英文、至少2门理科和2门文科。这大大减少了理科生只顾埋头实验、文科生只顾春花秋月的现象。这扩大了学生的视野,为他们以后道路的选择拓宽了可能性。与国内相比,新加坡非常重视理科生的文科课和文科生的理科课。经常有非常出色的理科学生因为一门不拿手的文科科目而与理想中的学校无缘。因为所有科目的考核标准和最后的成绩记录都是同样比重的。新加坡在这点上施行的效果很好。

**授课方式**

与牛津大学类似,新加坡的高中采取的是大课配小课(Lecture and Tutorial)的教课方式。大课由5—6个班级一起上,每班25人左右,共同学习新的内容。各个班级的小课由班级的各科老师带领讲解习题和复习。高中学生的学习自由度与国内相比非常大,教师很少督促学生的学业,所以全靠学生的自觉性。加上高中课外活动十分繁忙,这就教会了学生要提前适应平衡自己的学习和活动,为大学生活做准备。

## 学生学法

新加坡初高中学生学习方式多数以自学为主。在课堂上老师讲过新知识以后,还需要自己在家花大量的时间去巩固复习加练习,很少像国内老师一样领着学生进行复习和练习。这有利有弊,好处是帮助学生从小养成自学的好习惯,坏处是有些自学方法不得当的学生会因此落后。这就需要班主任和各科老师的指导。

## 评价方式

新加坡学校每年有 4 个学期,每个学期 10 周。大部分学校每一个或者每两个学期会有一次考试,考察最近的学习情况。这些都是非常正式的考试,成绩会被记录在学生的档案中。而这些平时成绩,成了学生申请欧美大学的重要学业测评标准。至于新加坡的本地高中和大学,他们更看重中考高考的最后成绩,平时成绩对于高中大学的录取没有影响。但是,特殊专业(例如医学、律师)的录取,奖学金或者荣誉奖项的评比还看中学生的全面发展,如课外活动和领袖才能等。

## 成才通道

新加坡为所有学生提供至少十年的通识教育,致力于栽培每一名学生,让他们可以展现自己的才华,发挥各自的潜能,培养终身学习的兴趣。多数学生会选择进入大学,也有部分学生会进入职业学校。无论是什么出身,新加坡的就业前景都很好,

因为新加坡需要各方面的人才。而找工作的难易程度则取决于学生在学校里的表现。除此之外，新加坡政府也鼓励年轻人创业，政府会提供资金支持和技术培训。

这些做法源于以学生为主体，尊重学生个体差异，为每个学生提供适合的教育。德国哲学家莱布尼茨说过："世界上没有两片完全相同的树叶"。新加坡的教育关注了学生个体之间有关生理和心理方面的差异，有这样一句话："没有天生的差生，只有天生有差异的学生。"此次考察拓宽了我的教育教学思路，开阔了视野，也引发了很多新的思考，今后的工作中该如何关注学生的个体差异。

记得我曾经看过一幅讽刺现代教育的漫画：一群神采飞扬、神态不同、衣着不同、动作不同的学生，被家长送进学校（熔炉形状）接受教育，出来时家长看到的是神态、动作、服饰整齐划一的孩子。家长惊呼："我的孩子在哪里？"这幅漫画给了我强烈的震撼，漫画里可见的仅限于孩子的神态、衣着和动作，不可见的恰恰是作者要呼吁的，珍视孩子的个性。如果我们的孩子在经历了学校教育之后都成了一个模样，那将是教育最大的失败！

学生的个性不是我们学校培养的，而是社会背景、家庭文化等多重作用下的产物。教师能做的其实是承认学生个体差异的存在，尊重学生的个性，为每一个学生提供适合的教育。在今后的教育教学中，我会从以下几方面入手：

（一）教育中

1.创造民主和谐的班级氛围。民主和谐的班集体应该是团结友爱、充满活力、温馨安定的,这样的环境最适合学生张扬个性。基于此我首先培养学生的主人翁意识,强化学生的自我管理。从班级的班规、班训、班歌的制定到班级的日常管理,都由学生自己来操作,教师只是从宏观上指导,帮助孩子把好舵。学生在自我管理的良好环境中自觉地接受教育,在教师的引导下,学会学习,自主发展,自己管理自己,是尊重和发展学生个性的有效途径之一。

2.努力改变评价标准,为有个性的学生搭建展示的平台。评价其实是教育的指挥棒,如果我们把学生的学习成绩作为评价学生的主要参数,那么,我们的学生就只能是学习的机器;相反,我觉得评价学生可以把学生自我评价与教师评价相结合,这样可以在平等和谐的氛围中,让学生客观公正地对自己的表现做出评价,才能使学生真正看到自己的进步与不足,明确自己的前进方向。把学习成绩评价与学习过程、日常行为评价相结合,这才是充分尊重学生的个体差异,同时也使学生充分重视平时的一言一行,化被动为主动。让每一个学生都能珍惜任何一个展现自我的机会,潜移默化中张扬学生向善、积极、自信的个性。

（二）教学中

以学生为主体,注重激发学生学习的主动性,保护学生的创造性。尊重学生的个性体验,鼓励学生求新求异,大胆质疑。问

题的设计既要面向全体学生,又要有梯度,注重引导不同学习能力学生的思维,关注学生个体差异;教学的形式多样化,使每个学生都有展现自我的舞台。基于学科特点,开展课堂抢答、分组比赛、学生讲课等多种形式的活动,使学生在学习中有自豪感、成就感,使他们获得学习的快乐体验,提升自信;帮助学生为自己制定合理的目标,让每一个学生都有所发展。不至于使学习能力较弱的学生因台阶过陡而滋生惧怕心理甚至失去学习信心,也不至于使学习能力较强的学生因台阶过缓而滋生骄傲情绪甚至丧失学习兴趣,这样才能使每个学生都乐于学习,勤于钻研。

(三)调动教育合力

家庭教育其实是一种养成教育,它是学校教育的补充。我会坚持经常与家长沟通,了解每一个学生的家庭背景,个性形成的根本原因,做到有的放矢地工作。通过家长会和其他手段,树立家校合力的典型,唤起家长对家庭教育的重视,对学生个性发展的保护意识,让家长也将评价孩子的单一标准主动改为多元的评价,家校拧成一股绳,为学生的发展保驾护航。

著名的教育家孔子早就提出了因材施教的育人理念,可见尊重学生的个体差异,为每个学生提供适合的教育,不是教改的要求,而是教育的规律,国内外的教育都要尊重教育规律,方能发挥教育的真正价值。"承认差异,利用差异,发展差异""教好每一位学生,为每个学生的发展负责,对每一个家庭负责",这应成为我们每一个教师的自觉行为!

学习　行走　思考 //

## 办成全人的教育
——北京十一中学校学习考察体会

取消行政班,取消班主任,设置导师、咨询师和教育顾问,推行走班制,建立学科教室,设立大学先修课程、自修课程……这些听起来不可能,做起来似乎离我们更远的课程改革完美地在一所学校实施开展起来,那就是——北京十一中学校!2014年11月22日至28日,作为哈尔滨市未来教育家培养工程首批学员中的一员,我有幸走进这所让人向往的有着厚重文化底蕴和先进办学理念的课改先进学校,感受、研读她的与众不同!

对于十一中学,出发前就已做了一些功课,对于学校的校史、发展史有了初步的了解;对于校长李希贵的教育著作也曾拜读过,了解他的一些先进办学理念;对于学校的一些专家型教师在网上也浏览过他们的介绍,让我觉得这不愧是一所课改先进学校。但当我真正置身其中时,我才被深深地震撼着……震撼于学校对教育理念的深刻理解;震撼于学校对课程改革的领悟;震撼于学校教师思想与行动的高度;震撼于学校学术的力量与影响;更震撼于学校对师生成长的呵护与成全!

### 十一中的教育,成全了学生

"发现并发展每个孩子的潜能,摸清他们的渴望和领悟能力,是教师这一行的本质。不能对孩子切实的需求作出回应,就算不上真正的教育,而缺了这一条,再多的荣誉与收获也无足挂

齿。"诚然,好的教育是服务。"学校的校长、老师是为学生服务的,学校的一切永远为学生让路,学生第一。"十一中学校提出这样的理念,也是在这样践行着。

学生第一:十一中学校的校史馆、图书馆、运动馆、健身房等各种资源场所随时为学生开放。

学生第一:学校提出课程是"产品",课程要服务于有着个性差异的每个学生。因此,学校就要提供丰富多样的课程供学生选择,于是就有了走班选课——人人手里握着不同的课程表。

学生第一:学校搭建各种平台,提供各种机会,培养学生,让每一个学生都更像他自己,让他们都绽放自己独特的色彩。

学生第一:高考只是副产品。学会自我学习、自我管理才是真正的目的,因为只有学会自我学习、自我管理的人,才能在步入社会之后还有长足的发展动力。

在十一中学校,凡是学生能做的事情,老师都会退居一旁,把空间和机会让出来。学习期间,恰逢十一中学校的名家大师进校园活动第 182 期的开展,本期嘉宾是著名主持人杨澜。全程接待和主持工作都是由学生来完成,一切看起来都是那样习以为常。

还记得刘丽云老师在《后行政班时代的学生工作》讲座中提到的刘毅伦同学,他既不是学生干部也非社团负责人,但他抓住了新校服的发布机会。"能不能办一场校服发布会?"利用"校长有约"的名额,在周一与李希贵校长共进午餐时,他鼓足勇气说出了想法。

接下来,他请同学做模特,邀请家长到校服发布会现场,还亲自主持,虽然紧张得好几次忘词,却一改有点"蔫巴"的形象,后来,他又成功策划组织了全校奖学金的颁奖典礼。但他更为人熟知的角色,是校服中心热情的导购,该中心位于图书馆一楼,看起来与外界的服装店无异,可从构想到选址、设计、装修、购买建材,均由刘毅伦和另一位同学做主。刘毅伦的梦想就是长大当一名服装设计师。

教育的独特之处就在于教会学生如何拥有梦想,如何追逐梦想,而追逐梦想的体验不就是成长的过程吗?这就是十一中学校,鼓励并支持每一位同学将自己的想法付诸实践,实现自我发展,而这些经历成全了学生们的成长!

## 十一中的教育,成全了教师

李希贵校长曾说:"当一所学校有一大批优秀的教师,他们都以教育家的情怀、教育家的境界、教育家的心态、教育家的教育艺术来推动学校发展、影响学生成长的时候,教育家办学才能真正实现。""有了先进的办学思想和教育理念,还需要教师心悦诚服地接受这种先进的办学思想和教育理念,并用行动去诠释、践行,在每一个课堂里实现,让每一个学生受益。"他还提出了"有什么样的师资就有什么样的课堂"。

学习期间,聆听了十一中学校的生物教师、北京市生物特级教师王春易《从学科教学走向学科教育》的讲座。王老师坦率地向我们介绍了自己成长的心路历程:在同行眼里成功完美的她,课改之初,也存在困惑。现实教学的现状让她一度迷茫。她发现,拿着驾轻就熟的教案,无论课讲得多完美,环节设计得多

精心,学生在课堂上也只记不听,对老师的依赖致使其不善思考、不会自学,这并不是她理想的课堂;学生只关心分数、成绩,忽略了身边、生活中很多美好的东西,这不是她要培养的学生;课堂上反复做题训练,扼杀了学生探索的欲望、创造的热情,这不是真正的教育。

于是她进行了深刻的反思:学生能学会的一定还需要老师讲吗?学生一定要通过老师讲才能学会吗?老师讲了就一定能使学生学会吗?于是她放弃自己一直很享受的课堂,将课堂还给学生;放弃驾轻就熟的教案,让学生自主学习;放弃精心制作的课件,把探究的机会留给了学生;放弃完整规范的板书,引导学生自己总结。甚至在全区的公开课上,宁可冒着这不是一节完整、完美课堂的风险,也不愿再试图驾驭学生的思维。这需要何等的勇气?

于是她尝试还原生物教学的本质,将大量的实验引入课堂,从学科教学走向学科教育。学生分组实验,整合单元教学内容。这些改革让学生不仅收获了生物知识,更收获了珍惜生命、热爱生活的情怀。这是比知识更重要的东西,是生物教育最本质的东西。正像王春易老师所言:学科教学于教师而言,是非常重要的,很难想象一个连自己所教学科的知识都不能吃透,并且不能准确地传递给学生的教师怎样展开工作?怎样让学生信服?但学科教学不能成为教师教育生活的全部,从学科教学走向学科教育,才是最终的归宿。

要与过去的自己告别。学生正是那点燃教师热情的全新力量,教学方式的改变带来了学生学习方式的转变。王老师发现学生在这个过程中收获的不仅仅是知识,还有方法、能力和情感。她要让她的学生不仅取得满意的成绩,还要让他们成长为一个热爱生活的人,一个关爱生命的人,一个具有科学素养的人……而她本人也完成了挑战性的个人专业发展。

在十一中学校,很多老师的经历让我发现,这里不仅是一个让学生拥有选择的地方,教师也同样如此。渊博的魏勇老师用自己的深邃引领着学生的成长;文静的侯敏华老师用自己的高效成就着学生;机智的刘丽云老师懂得静听花开的艺术……他们用自己独特的魅力影响着学生。

### 教育就应是成全人的教育

十一中之行让我看到了我向往的教育方式。然而回到现实中,回到我们每天工作的教育环境中,我又难免迷惘。也许我们目前不能开展课程选修,但我们是否能够做到对学生进行学科教育;也许目前我们不能取消行政班,但我们是否能够真正做到全员育人;也许我们目前的科研立项级别不高,但我们能否静下心来寻找教育过程中的痛点;也许我们目前的待遇确实不高,但我们能否克服职业倦怠?

教育归根结底是一项成全人的服务活动,这么多年来我们的观念由高高在上、倡导师道尊严,变为俯下身去和学生平等对话,如今我们又需迅速转变观念,以一个服务者的身份来面对每一个有不同需求的学生。这已经不是一个慢慢转变的过程,而是一个先转变后适应的过程。因为你的那些个性鲜明的学生就在那里,他们等着你去成全他们、放开他们。让他们自主选择、

自我管理、自我定位、自主发展，他们渴望跌倒了自己爬起来，他们想摆脱你的经验之谈去自己冒险。我们现在能做的是给孩子们搭建可以展示自我的平台，我们能做的是帮助学生们找到那对曾经被家庭、学校共同剪掉的翅膀，帮助他们再次勇敢地飞翔！

当然，教育不能仅仅停留在成全学生的层面。我们的教育一线中有多少埋头工作、兢兢业业的教师如今在抱怨，抱怨现在的孩子不好管；抱怨现在的家长要求多；抱怨压力大；抱怨自己付出那么多结果却少有人理解……教师的职业倦怠正蚕食着一个个曾经志存高远，对教育满腔热忱的优秀教师们，他们被禁锢着，他们渴望解放，却苦于身不由己，苦于找不到方向……

所以，教育就应是成全人的教育，成全了学校才能成全教师；成全了教师才能真正成全学生。首先社会要为教育松绑，多角度地评价一所学校，方能让教育管理者放手改革，否则教育的改革只能停留在表面，浅尝辄止；其次，学校的教育管理者要敢于为学校的发展定位，并能为优秀教师的成长搭建平台，鼓励教师向自己的专业领域钻研，并为这样的教师松绑，不要让更多事务性工作挤占了他们的时间与精力。而对于具有管理能力的教师，学校也应大胆启用，可以借鉴十一中学的扁平化管理模式，让教育者也能人尽其才；最后，每一位教师无论是在专业追求上还是在人品德行上都应该树立高标准，教师要装上发动机。日常教育中教师则应以为服务学生的心理来面对每一个充满个性的个体，多元地评价学生，多角度地了解学生的需求，鼓励学生大胆尝试、自主选择、自我管理、自我定位、自主发展。教师要做的是协助学生设计和规划自己的学习与人生。

引用于丹的一句话来完成我的总结:"让我们回到身心的健康,让我们回到真实社会中,让我们回到常识中。当我们的孩子能够完成自己的雪中送炭,那么世界再给他的一切都将是锦上添花。"教育就是成全人的工作,成全你我,百花争艳!

## "尊重"才是硬道理

作为哈尔滨市首批未来教育家培养工程的受益者,几年来我获得了许多出去学习的机会,也与本省市、全国的优秀教育人才得以近距离地接触。回头看我自己的教育经历、我们的教育工作,我常常思绪万千,总觉自己应找好一个切入点来梳理我的感悟、体验,以期与大家交流。

没走出去之前,作为本地一名小有名气的教师,我也曾敢高屋建瓴地指导别人。然而随着视野逐渐拓宽,学习愈发深入,我却变得越来越谨慎。我们不能否定任何一种教育形式,因为其本身都有存在的价值和土壤。我最大的体会便是,在摸索中前行的教育急需整合并重视的是"尊重"。尊重,即尊敬、敬重;尊重,即重视并严肃对待;尊重,即庄重(行为)。尊重,是人类漫长历史发展中形成的最基本的伦理认识和最起码的道德共识。1948年12月,联合国大会通过并颁布的《世界人权宣言》中指出"教育的目的在于充分发展人的个性,并加强对人权和基本自由的尊重。"由此可见,"尊重"在学校环境中有重要的教育价值。"尊重"既是教育的思想和方法,又是教育的目标和归宿。

## 一、尊重个体差异,办成全学生的教育

新颁布的各科《课程标准》十分强调尊重学生的个体差异,鼓励学生选择适合自己的学习方式。著名的教育家孔子早就提出了因材施教的育人理念,可见尊重学生的个体差异,为每个学生提供适合的教育,不是教改的要求,而是教育的规律,尊重它,方能发挥教育的真正价值。

在学生学习成长过程中,我们每位教师就是一名雕塑师,我们手中的材料是孩子们一颗颗水晶般的心灵,孩子们不能被机械地雕刻成同一模样,教师唯有用爱、用尊重、用信任、用自己渊博的知识做一把因势象形的刻刀,才能雕琢出一颗颗各具特色的水晶!

由于受各种智力因素与非智力因素影响,学生的理解能力、认知能力、表达能力、注意力、性格品质等存在着显著的差异。所以正视并尊重学生的个体差异,从学生的实际情况出发,确定正确的期望值和培养方向,寻找适合学生的教学方法,发挥每一个学生的潜能才是办成全学生的教育的根本。

林崇德教授曾提出"鼓励冒尖""允许落后",每一位教师都要对自己所教的学生有一个全面的认识,平衡班级学生的个体差异,才能达到量变到质变的飞越。

1. 尊重学生的个体差异,首先要让学生感受到教师的善意。

马克思说过:"只有用爱来交换爱,只能用信任来交换信任。"取得学生的信任是教育学生的前提。教师慈爱的微笑、温声的呼唤、鼓励的目光、描述性的表扬、诚恳的批评都是取得学生信任的有效途径,唯有如此,那一个个单纯的天使才能敞开心灵,接受教师潜移默化的教育。"但得蜜成甘众口,一身虽苦又何妨"。一个心地善良的教师,总能通过自己的言行传递善意,这种善其实是对人性的尊重,即使是把自我重重包围起来的人也无法拒绝"善"的春风,更何况是对爱充满无限期待的学生们。

2.尊重学生的个体差异,还要尊重每一个孩子的心理、生理成长规律,为每一个孩子设定不同的花期,激发潜能,扬长避短。

孩子成长过程中身心发展的阶段也在变化,准确把握不同发展阶段学生的身心发展特点,是教育的一门必修课。

现代教学观提出,"受教育者是有自由意志和人格尊严的具体的现实个体,尊重学生的自由意志和独立人格不仅是真正教育的条件,而且是教育本身的内在规定性。"我们必须认识到作为教育对象的学生是一个个有着丰富情感并不断发展完善的社会人。英国的教育政策也将"每个学生都是重要的"作为基本的价值准则。

所以,教师从一开始就要了解该年龄段大多数学生的生理与心理特点,告诉学生:"在老师心目中,每一个学生都是独特的、优秀的;只有不努力的学生,没有最差的学生;只要你努力,老师就尽最大努力帮助你,你们的起点也许相同,但你们的终点不同,你们每一个人都是一朵含苞待放的花,只是花期不同。"我们一定要相信,尊重学生就是尊重生命的成长。有的教师总是强调"师道尊严",将自己放在学生的对立面,发号施令,不尊重学生的生理和心理成长规律,这样势必不能走进学生的情感

和内心,也不能从人格和情感上为学生所认同和接受。每一个学生内心都有极其丰富的情感世界,他们有自己认识世界和评判事情的标准。在教育教学中,多一些尊重和鼓励,让每一个学生沐浴在教师关爱和尊重的春风里,不仅获得丰富的知识,更能获得精神的成长。

因为存在智力与非智力因素,所以学生的个体差异很大,这是我们必须要面对并尊重的事实。那么如何激发学生的潜能和其他优势,启动他们的学习动力系统,扬长避短是一个很有效的方法。每个学生都有自己的特长和爱好。我们要通过观察、倾听、欣赏、鼓励来激发学生的潜能,把他们的优势发挥出来。虽然孩子们处于同一起跑线,但他们会在自己的跑道上冲向每一个不同的却同样精彩的终点。

3. 尊重学生的个体差异,也要尊重学生的家庭背景,调动家长的力量。家校合一,才能事半功倍。

家庭教育其实是一种养成教育,它是学校教育的补充。每一个孩子的成长都有一个强大的家庭支撑。人们常说:"孩子是父母的影子。"可见脱离了家庭教育的学校教育也只能是"空中楼阁"。所以教师要经常与家长沟通,了解每一个学生的家庭背景,个性形成的根本原因,有的放矢地工作,取得家长的信任与支持,调动家长的积极性,才能取得事半功倍的教育效果。通过家长会和其他手段,树立家校合力的典型,唤起家长对家庭教育的重视和对学生个性发展的保护意识,让家长也将评价孩子的单一标准主动改为多元评价标准,家校拧成一股绳,为学生的发展保驾护航。

4.尊重学生的个体差异,还要求教师要用一颗宽容之心正视学生的错误。

记得某位教师说过:"我们作为一名教育工作者,对学生思维方式的宽容,可以激发学生的个性思想火花,培养创造精神;对学生特殊行为方式的宽容,是对学生个性发展的尊重,使学生在宽松自由的环境中展现自我,发展自我;对学生情感的宽容,是对学生人格的尊重。对教师而言,教师宽容地对待自己的学生,意味着他的教育思想更加深刻,教育方法更加合适。"正如陶行知先生说的:"你的教鞭下有瓦特,你的冷眼里有牛顿,你的讥笑中有爱迪生。"宽容不是纵容,心理学家指出:适度的宽容,对于改善人际关系和身心健康都是有益的。在这里我们所说的"宽容",绝不是指教师对学生放任自由,而是以一种宽容的情感,感化那些有错误的学生,让他们纠正自己的错误。其前提是对学生的严格要求,对符合要求的给予表扬、肯定,反之给予恰当的批评。要用"放大镜"来看学生的优点;用"缩小镜"来看学生的缺点,真正以宽容的态度处理学生的错误。承认有的错误,学生是会一犯再犯的,要允许学生的某些错误反复出现。用尊重包装一下批评学生的语言与方式,使学生乐于接受并能达到更好的效果。著名教育家苏霍姆林斯基有言:"有时宽容引起的道德震动比惩罚更强烈。"一次宽容的批评也许会引导学生产生一次质的飞跃。

5.尊重学生的个性差异,更要努力改变评价标准,为有个性的学生搭建展示的平台。

评价其实是教育的指挥棒。如果我们把学生的学习成绩作

为评价学生的主要参数,那么,我们的学生就只能是学习的机器;相反,我觉得评价学生可以把学生自我评价与教师评价相结合,这样可以在平等和谐的氛围中,让学生客观公正地对自己的表现做出评价,才能使学生真正看到自己的进步与不足,明确自己的前进方向。还可以把学习成绩评价与学习过程、日常行为评价相结合,这才是充分尊重学生的个体差异,同时也使学生充分重视平时的一言一行,化被动为主动。同时还应该注重评估方式对教育教学的导向作用。加强对学生动手操作能力、实践创新能力的考核,重视形成性与终结性评价,保护学生的创造性。重视对学生深度参与和体验的评价。深度参与和体验在知识转化为能力、观念转化为行为的过程中发挥着催化剂的作用。只有科学合理地给学生提供大量亲身参与、实践体验的机会,才能有效提升培养质量。让每一个学生都能珍惜任何一个展现自我的机会,潜移默化中张扬学生向善、积极的个性。

## 二、尊重教师,办成全教师的教育

教育的发展离不开教师,教育不能仅仅停留在尊重与成全学生的层面。我们在不断提高尊重学生个体差异来办教育的意识基础上,更不能忽略了教师的个体差异。我们的教育一线中有多少埋头工作、兢兢业业的教师如今在抱怨,抱怨现在的孩子不好管;抱怨现在的家长要求多;抱怨压力大;抱怨自己付出那么多结果却少有人理解……教师的职业倦怠正蚕食着一个个曾经志存高远、对教育满腔热忱的优秀的教师们,他们被禁锢着,他们渴望解放,却苦于身不由己,苦于找不到方向……

我引用北京十一中学李希贵校长的三段话："当一所学校有一大批优秀的教师，他们都以教育家的情怀、教育家的境界、教育家的心态、教育家的教育艺术来推动学校发展、影响学生成长的时候，教育家办学才能真正实现。""有了先进的办学思想和教育理念，还需要教师心悦诚服地接受这种先进的办学思想和教育理念，并用行动去诠释、践行，在每一个课堂里实现，让每一个学生受益。""有什么样的师资就有什么样的课堂。"

教学相长，教育的过程也是教师成长的过程。学校要对师德高尚的教师予以保护和重点培养，允许教师的个体差异存在，保护教师的教学风格和育人风格，多为教师创造进修学习的机会，让教师在自己的岗位上各司其职、各尽其能，让学校教育百花齐放。

人的尊严是"底线"，也是"高度"。但教师的职业尊严永远是"高度"，因为教师的职业就是教人追求和维护尊严。学校试从尊重教师职业尊严、尊重教师专业发展、尊重教师教学自主、尊重教师个性特长等四个方面，努力造就一支"师德高尚、业务精湛、结构合理、充满活力的高素质专业化教师队伍"。只有这样教师才能够自觉学习、主动发展，把专业的进步与职业的责任紧密联系在一起，在不断自我完善之中，提升专业素养，建立教育的自信心和自尊感。只有这样教师才能够尊重教育规律，科学践行教育规律，最终形成有个性、丰富多彩的教育教学风格。

尊重教师，是为了更好地促进教师发展，有尊严并能尊重教育的教师才能保障学生的健康成长。

### 三、尊重学校发展规律，办成全学校的教育

如果将"以学生发展为本"作为一切教育活动的起点和终极目标的话，那么在整个中小学的管理体系中，"以学校发展为本"则成为管理的重心所在，因为最基本的教育活动主要是在学校范围内展开的，学校改革的成败决定了教育改革的成败，同时也决定了学生的最终质量。教育就应是成全人的教育，成全了学校才能成全了教师；成全了教师才能真正成全学生。社会首先要为教育松绑，多角度地评价一所学校，方能让教育管理者放手改革，否则教育的改革只能停留在表面，浅尝辄止；研究学校的发展规律和发展动力，我们会发现一所好的学校要有自主意识、自主权、自我约束和自我保障机制等，只有尊重了学校的这些"自主"，学校才能动态发展，可持续发展。

学校的教育管理者也要尊重这一规律，敢于为学校的发展定位，并能为优秀教师的成长搭建平台，鼓励教师向自己的专业领域钻研，并为这样的教师松绑，不要让更多事务性工作挤占了他们的时间与精力。而对于具有管理能力的教师，学校也应大胆启用，可以借鉴十一中学的班主任职责分化模式，让教育者也能人尽其才。教育管理者要"通过学校共同体成员的共同努力，系统地分析学校的原有基础及学校所处的环境，发现学校的优先发展项目，确定学校的发展方向和教育目标，促使学校挖掘自身的潜在资源，按照自己的价值观，提高学校的管理效能，最终提高学校的教育质量。"学校管理必须要学会自我反思和批判，打破传统陈旧的管理模式，积极探索，大胆创新。这才是正道。

每一个教师其实都是这种规律的践行者,无论是在专业追求上还是在人品德行上都应该树立高标准,对自己严要求。日常的教育中则应以为学生服务的心理来面对每一个充满个性的个体,多元地评价学生,多角度地了解学生的需求,鼓励学生大胆尝试、自主选择、自我管理、自我定位、自主发展。教师要做的是协助学生设计和规划自己的学习与人生。

尊重就是以人为本,我们的教育观念由高高在上、倡导师道尊严中,变为俯下身去和学生平等对话,如今我们又需迅速转换观念,以一个服务者的身份来面对每一个有不同需求的学生。这已经不是一个慢慢转变的过程,这应是一个先转变后适应的过程。

学校是我们师生共同的精神家园,师生的共同成长学校责无旁贷。我们的目标,不是要多少学生考上什么学校,但是我们希望把学校的孩子,塑造成拥有健全人格的幸福者,使我们的家长、我们的社会能够尊敬我们的老师,让老师过体面的生活,这是我们的使命。尊重才是学生、教师、学校可持续发展和创造性发展的硬道理,才是实现这一目标的硬道理。

# 思考　实践　感悟

## 守正创新　行稳致远
——哈尔滨市东湖路学校推行教育管理机制改革经验介绍

2018年,时值改革开放40周年之际,哈尔滨市东湖路学校落成招生。"两自一包"教育管理机制改革奏出了道里教育改革的最强音。时代在聆听,社会在聆听。作为教育坚定的追梦人、坚实的筑梦人、坚毅的圆梦人,东湖路教育工作者一直站在教育的原点思考,站在儿童的立场建构,用有情怀的管理引领学校发展,用有品质的文化涵养学校,用有温度的课程服务成长……只有走进才会发现,东湖路团队正以对教育应有的责任担当把改革的步伐迈得坚实铿锵。

### 一、探索教育改革发展之路

"两自一包"丰润了东湖路人的教育生命,问题是时代的声音、创新的起点。

一直以来,公办学校的人事管理制度、分配制度、内部机构和职位设置等各项制度虽在学校内部运作,但它们与行政部门的政策紧密相关,"人权""财权""事权"这"三权"统一在区里,学校行使办学自主权的难度较大。落实中小学办学自主权与激发学校办学活力的关键因素就是要下放"人权"——教师自主招聘权、"财权"——教育经费自主使用权、"事权"——学校自主管理权,将这"三权"下放给学校,从根本上解决公办学校管理僵化、师资倦怠、缺编造成师资短缺等问题。公办学校"三权下放"基础上的教育管理机制体制改革会扩大学校的办学自主权,有效激发学校的办学活力。

在区委、区政府的支持下,道里区教育局联合区编委办、区财政局、区人社局等部门共同深入学习、专题研究、实地调研成都市武侯区"两自一包"改革经验,并形成了我区推进"两自一包"改革的顶层设计,经过区政府常务会议、区委常委会议研究讨论通过,道里区教育局成立了改革办,专门负责改革工作的协调、推进和落实,在新建的哈尔滨市东湖路学校进行改革试点,"两自一包"即教师自主招聘、学校自主管理、经费包干。

谋划改革要实,落实改革更要实。它山之石固然可以攻玉,但觉知此事必须躬行,问计求智还需内化吸收创新而为。武侯调研学习归来后,东湖路的管理团队对学校进行了顶层设计。

想到一块,才能干在一起。把握好已变和未变,把定力与活力汇成改革合力,才能深刻把握管好与放活。

学校的管理团队成员也是教育局"人权"下放的"产物"。学校实施"五心""五会"民主治校管理模式,由校长在区域内自主选任各中心的负责人。他们个体素质高、群体结构合理而且富有创新精神;他们志同道合,都有着一颗为新区教育事业大发展、快发展拼搏奋进的教育情怀。新学校、新校长、新团队、新教师、新学生……一群人,一条心,为了梦想一起拼搏,他们每个人都做好了迎接未来的准备。

面对平均年龄不到30岁的年轻化教师队伍,学校管理团队秉持着真实做人、踏实做事的工作理念,以人格感染人格,以精气神影响精气神,用自己的学识经验服务于教师的成长。学校对各中心负责人的要求是:对年轻化教师队伍的帮、扶、教、带,要掌握好火候,管理者就是服务者、引领者,说话要有温度,批评要有尺度,引领要有高度,指导要有深度,做事要有效度,教师的发展才会有速度。学校适时地提出"五给"——给目标、给方法、给引领、给榜样、给平台;"五会"——会微笑、会倾听、会沟通、会表扬、会合作,让刚刚走出大学校门的教师们工作有抓手。

"不学习就是拒绝成长",大视野决定大格局,大格局才能带动大发展。

教师结合自身实情每人都制定了自己的学习计划,学校也不断在为老师们搭建学习的平台。学校坚持以教研、科研与校本研修相结合的方式,以新理念、新课程、新教法的实施为切入点,立足于提高教师综合素质与专业水平,着力促进教师专业成长,以遵循教育规律、探索教育之道、融汇百家之长为导向,激发教师学习热情,引导教师在学习中实践,在实践中反思,在反思中创新发展。做法如下:一是要求参加区进修学校组织的各级各类教研、科研活动时,除做好笔记外,要有自己的教研心得,切实引导教师在专家引领下学习、内化、感悟,扎实有效地推进教师培训工作;二是新课标学习一直贯穿在教育教学活动中,并通过提交学习笔记、学习心得等方式,及时了解教师学习情况,并将其作为假期学习内容,提高学习能力,提升理论水平;三是以赛代训、以课代训,开展校内教师基本功大赛、新课标学习知识竞赛、学科负责人公开展示课、期末复习研讨课等;四是请专家、名师、教研员深入学校进行专业指导,以专业引领促进教师专业成长;五是注重内部挖潜,采取线上培训与线下研修相结合的方式,把教师的师德修养、心理健康作为重要内容进行强化培训,帮助新教师筑牢专业根基;六是强化校本研修,学校管理团队成为校本研修的中坚力量,初期学校的专题讲座大部分都是由学校各中心负责人来亲自讲,将容易出现的问题、共性的问题进行案例式的剖析,提出切实可行的对策和建议;七是学校陆续成立了各学科工作坊及研修团队,构建动力群、激发群动力,开展基于问题的校内课题研究、共同开发课程,进行全过程研究;八是制定了学校首批种子教师培养计划,培养校内骨干并强化他们的专业影响力和学术影响力,让他们能够带动教师专业共同体的发展,能在共同体中一起定方向、定目标、定重点,深层次推动教师群体的发展,推动教师与学生的同频发展。

　　一系列师训学习活动让教师在培训中不断体验专业精神的真谛,不断提升专业能力、开发潜力,超越自我,在教学实践中练功磨法,促进专业成长,磨炼专业态度,进而形成专业自觉。目前,教师们都制定了一年工作计划及三年发展规划。教师主动

研究教学、研究课堂、研究学生,展示了东湖路学校教师主动发展、自我发展的生命状态。

一学期以来,管理团队带着这支年轻的队伍用教育教学改革实践探索着教育精神、孕育着校园文化,制定了制度标准、描绘了发展愿景,在加快东湖路学校发展速度、提升发展质量的教育之路上跋涉着。

## 二、点燃教育信仰的明灯

"两自一包"激发了东湖路教育工作者的教育热情,倾听社会的声音,明晰前行的方向。

我在百度贴吧上看到这样的质疑:"全是招聘的教师,教育教学经验少,能行吗?""招聘的教师,教师队伍会不会不稳定,总换老师呀!""热情"的网民纷纷跟帖留言,各抒己见。有这样的回帖:"招聘的教师,更得有工作压力,干不好学校就不会和他们签约,学校可以随时解聘,这所学校干不好,下一所学校还会聘你吗?""校长是特级教师,肯定能带好队伍。""东湖路学校是公办学校,位于公务员小区,应该没问题,这是改革,是创新,静观吧……"这些声音不正是学校要解的题?

新建学校的成长离不开教师的发展,要想让教师有好的发展,学校不能让教师成为被动的改革者,而应让他们成为主动的变革者。"两自一包"的推行,有效激发了教师干事创业的激情,让教师内涵生发。

在扬州一所私立学校工作了九年的赵老师,早已经成为学生喜欢、家长信服、领导赏识的老师。在南方领着可观的工资,每天做着熟悉的工作。和朋友聊天中她了解到哈尔滨市道里区要招老师,朋友把招聘公告发给她看,这一看她晚上连觉都没睡好。一所九年一贯制公办学校,学校"融汇九年、润泽一生"的办学理念吸引了她,而且教育管理体制是实施"两自一包",更是令她激动不已。她的印象中,自己的家乡一直是"保守"的,这种体制的学校是她和她老公一直向往的学校,"回黑龙江,回家乡"这样的声音一直在脑海中回荡。学校招聘教师之际,原单位还未放假,为不耽误工作,两口子坐飞机往返两次回来参加笔试与面试,面对原学校的劝说与挽留,内心纵有不舍,他们还是回到了黑土地。"因为爱,所以爱",作为七年二班的班主任,面对小学基础非常薄弱的孩子们,她要求自己要用"学生的大脑"去思考,用"学生的眼光"去观察,用"学生的情感"去体验,用"学生的兴趣"去爱好,为孩子们搭建展示自我的舞台,期末调研考试中,她所带班级的成绩在全区名列前茅。

筑巢引凤、固巢留凤,道里区搭建了鼓励人才干事创业的发展平台。

新机制下学校简单的人际关系、按劳取酬的分配方式、浓郁的创业氛围、持续的专业发展平台,点燃了老师们的职业信仰、教育热忱,年轻的他们携手追梦。

来自省重点高中的生物学科刘老师第一次在网站上看到学校的招聘信息,满怀憧憬地报了名,但是家人得知她想要放弃正式编制后并不支持,逐一地和她分析各种利害关系,她也曾动摇过。但当她看到东湖路学校的办学理念是"为师生搭建人生出

彩的舞台","让每一位教师在发展中享受职业幸福,让每一位学生在成长中体验快乐"这和她的想法一致,强烈的职业认同感坚定了她的选择。录取后,和家人经过几次沟通,他们的态度逐渐缓和,也同意她到东湖路学校工作。如今,除了自己的专业课,副班主任工作、值周工作、校本课程……各个岗位都能看到刘老师忙碌的身影,因为她知道自己是东湖路学校第一批校史书写者!

教师有信仰,教育就会有力量。在做好老师、做好教育的过程中,让我们影响孩子,让孩子改变世界。

2018年刚迈出大学校园的李英杰是一年九班的班主任,班里的学生吕宝,虽比别的小朋友大两岁,但因胼胝体(联络左右大脑半球的纤维构成的纤维束)薄,导致发育迟缓,不愿、不会与人交流。李老师了解情况后,每时每刻都格外关注吕宝,离开教室都尽量领着他。很快,家长们都注意到了这个"特殊"的孩子,多次来找她反映该同学的各种所谓的违反班规的行为,认为该生不应该在学校就读。一个周末,家长群里一条条言语激烈的内容让李老师不知所措。怎么办?怎么办啊?她的内心在煎熬着,甚至开始畏惧第二天上班。这对一个刚入职的年轻教师来说,确实是压力与挑战。

在学校的帮助与指导下,在李老师的真诚付出下,一年九班的家长们逐渐接纳并理解了孩子的不易,吕宝家长也在时间允许的情况下进班级陪读,更多地陪伴孩子。家长的陪读看似减轻了李老师照顾吕宝的负担,实则是对她工作全面的考验。事实证明,在压力中李老师有了更多动力。孩子跟她说第一声:"老师再见。"她高兴得四处"炫耀"。一学期下来,孩子已能用完整的句子与人交流。

期末工作总结中她写道:"第一,我要感谢学校,在我最无助时为我出谋划策,崔校长一句:'没事孩子,还有我呢!'春雨主任的一句:'别上火!'萍萍主任的一句:'挺好!'改变了我的心态,让我振作起来去勇敢地面对这些事情。第二,我要感谢我的团队、副班主任、所有科任教师,是教育合力让我们见证了教育的魅力。第三,我要感谢我的家人,当我在家抱怨时,他们教给我的永远是要我多一份体谅和理解,满满的正能量。还要感谢我自己,感谢我自己的坚持与执着,没有自己的坚持,我永远都找不到这种成就感。回顾那段充满阴霾的日子,自己没有退缩。而阴霾后的一缕缕阳光,照亮了孩子们前进的脚步,他们学会了理解与包容;照亮了我前行的脚步,增长了教育智慧。如今那份欣慰、那份自豪、那份幸福,全部都转化成了我对班级工作的热爱。那一缕缕阳光让我不断成长,在班级管理方法上,我不断进步。更重要的是在这个过程中,我切身感受到了做好教育教学工作的不易,也感受到了学校领导们在处理各种问题时的睿智,是他们用对学生的责任与爱,用对每一位家长的理解与尊重,让我找到了前进的方向和动力。他们处理问题的方法非常值得我学习。在今后的日子里,我将不断努力,做一个心有温度、行有智慧、充满阳光的老师。"

从事教育工作,我们要有教育的激情,这样才有前进的方

向,在从教的道路上,才会一直充盈无限的职业幸福感和个人成就感。只有这样,才能使教师的幸福不受别的事情干扰,才能集合力量更好地打造出学校品质、教师品位和学生品格。

### 三、躬耕一方梦想的土地

"六造行动"成全了东湖路教育工作者的生命成长,有了教师的成长,才会有学生的成长。

东湖路学校以"融汇九年,润泽一生"为育人理念,立足融汇教育——融情汇智、对话生命,融古汇今、着眼未来,融内汇外、链接世界,做学生生命成长的引路人。学校践行水文化思想,润泽生命成长——水的操守,守正如初,创新不止;水的品性,至强至柔,水滴石穿,百变于无形;水的智慧,至善至美,利人利物。学校尊重人的成长规律,遵循教育规律——倾听孩子心声,顺势而教;倾听社会之音,顺需而为;倾听未来之声,顺序而行。

(一)打造书香校园

一个人的阅读史,就是他的精神成长史。

学校的升旗台以书本为台,《世界通史》《资治通鉴》《古文观止》等书籍错落有致地横卧,那是道里区教育局局长魏传利对东湖路学校的殷切希望,希望孩子们通过读书改变自己的格局与眼界,让孩子们拥有在未知世界过上成功、幸福生活的能力。

绘本馆里留下孩子们专心致志读书的身影;班级读书角内

热情地交流；每天的晨读、午诵，孩子们诵读国学经典，品读传统文化，在快乐中参与课外阅读分享；"读书节""口才秀""读书沙龙"……丰富多彩的活动让孩子们对阅读产生了浓厚兴趣。阅读让学生洞察事物、理解知识、感受美好，让情感逐渐走向深刻。阅读成为师生日常的生活方式，成为美好教育的行动自觉。

书香校园是优雅的、高雅的，舒展师生的生命状态。

一块刻有"寻道"的山石矗立在校园里，东湖路学校的"寻道"为识道、解道、循道。

道里区委、区政府，区教育局敢为人先，将权力下放，东湖路学校将不断追寻与探索教育教学改革创新与办学之道。教书育人永无止境，教师们将继续找寻充满智慧的育人之道、堪为表率的师德之道；让孩子拥有面对未知世界的能力，追寻快乐、有意义的生活是东湖路学校的教学目的，学校要教会学生做人之道……

(二)缔造最美教室

无数间小小的教室不再是一个个物理的空间，而是一个个充满了温馨与喜悦的回忆场所。

老师们带动学生发挥自主性，编织学习生活，建构知识体系，形成了有个性、有内涵、有特质的教室文化，写出了一间间教室的成长故事。李英杰老师的"金豆豆班"，人人争当"金豆豆"，因为他们相信是金子总会发光的，今天的豆豆，明天发芽，日后茁壮成长，在属于自己的天地间尽情地翱翔；刘天瑜老师的"晨曦班"，晨曦代表清晨的第一缕阳光，她希望班级的40个宝

贝像初升的太阳,充满热情与希望,散发温暖与光芒;赵爽老师的"春笋班",希望孩子们的进步势如破竹,健康快乐成长;徐佳瑶老师的"幸福三班",期待宝贝们都能长成枝繁叶茂的参天大树,憧憬孩子们成长为有智慧的人、充满正能量的人。卢佳琪老师的"蓝精灵班",王婷老师的"希望树班"……班名、班歌、班服、班徽、班级口号是一间间教室独特的精神文化标签。教室里每一个孩子都参与到最美教室的建设,教室里写满了孩子们动人的故事,镌刻着孩子们成长的印记,期待他们成为有德行、有情感、有知识、有个性的人,在最美教室的学习生活中一天天走向生命的丰盈。

## (三)营造理想课堂

教学之道美在课堂。课堂上,倾听学生生命拔节的声音。

如何在课堂中落实核心素养,落实立德树人的根本任务,需要我们每一个身处校园的人认真审视。课堂上,每个学生个体的需求和特质不同,每个学生获取知识的管道和路径更不尽相同,学校要求教师要精心和尽心地触摸每个生命脉搏,从孩子内心的渴求出发去激发学生生命成长的欲望。

东湖路学校教师必须从教的逻辑中走出来,从学生学习的逻辑出发重新定义课堂。如何把教学目标转化为学生的学习目标,如何设计既能承载学习目标又让学生自带动力的学习任务,如何为学生的学习提供适切方便的工具和脚手架,如何让大量的形成性评价进入学习过程,如何从仅仅获取信息、分析理解走向问题解决,如何从学科素养走向核心素养等。每一个问题都可以成为课堂教学领域的深刻命题,让我们从课堂研究这里慢慢起步。

(四)研造融汇课程

没有任何人有资格告诉一个孩子可以怎样生活,成长没人能够代替,但我们可以借助课程帮助每个孩子更好地生活。

东湖路学校依据教育行政部门的教学计划、课程、专业设置等方面的规定,在保证国家课程和地方课程实施的基础上,自行开发了六大类近30个科目的校本课程。学校尊重学生的身心发展规律与成长特点,积极探索符合本校九年一贯特有的教学模式:一二年级关注习惯养成,三四年级培养自主能力,五六年级关注初小衔接与知识储备,七八年级关注青春期心理变化,九年关注生涯规划,学校因材施教,按照孩子不同的成长阶段定制了不同的培育计划。

学校在执行国家课程、地方课程、校本课程的基础上,号召老师们对教材进行"二次开发""整合加工",提倡"课程创新",开发"班本课程",引领学生认知体验、合作探究,使课堂成为汇聚美好事物的中心。插花、生态园、户外远足、班级参观等活动开展得有声有色。融汇课程使学生学会了热爱生活、热爱生命,让孩子认识自己,发现自己,悦纳自己,让孩子走出学校,走向社会之时,拥有自己独立的人格、能力、胸襟与格局。

(五)酿造共育合力

育人之道重在合作。

建立家校联动机制,成立家长委员会,让家长更多地参与学校生活,与孩子共同成长。开展"家长课堂""亲子共读""家长讲坛"等丰富多彩的活动,架起家校合力"同心桥"。来自各行各业的家长们主动到校为孩子们讲课,促使家庭教育与学校教育协同互补、互促共进、协调发展。

学校重视家访工作,设立"家访日",通信高度发达的网络时代,家访这一传统而又富有人情味的交流方式,有着现代通信无法企及的力量,在一次次心灵交汇的过程中,让教育更具有内涵,更见温情和深度。只有面对面才能心贴心。家访,助推了孩子身心健康的成长,助推了优良家风的传承;家访,访出了教师成长的内驱力,访出了家校合育的新乐章!

### (六)塑造健康人格

好的教育应该是关注受教育者心灵需要的教育。

学校加大投入力度,聘用专业心理教师,将心理健康教育作为实施素质教育的一项重要工作,将学生、教师和家长作为心理健康教育服务对象统筹纳入实施主体。教育一定要按照人自身成长的规律去开展,它的第一个维度是要关注心灵,第二个维度是关注心灵作用下的行为。每周每班一节心理课,每周一篇微信公众号文章。同时,起始学年上课前,班主任与心理教师通过各种心理游戏的形式开展实践活动,关注孩子的心灵成长,助力幼小、初小衔接工作。通过关注学生心灵,关心每一个学生的成长,促使师生身心健康、幸福成长,凝心聚力打造一个美丽和谐、充满人文关怀的快乐精神家园。

## 四、守望一片梦想的天空

"两自一包"丰富了道里教育生态,"两自一包"教育管理机制改革的推行,促进了管理团队、教师、学生和家长的转变,学校改革赢得了社会、老师、学生、家长及兄弟学校校长的广泛认同和高度评价,产生了一定的社会影响,丰富了道里教育生态。

### (一)从教师感受来看

"'两自一包'教育管理机制改革对我最大的奖励,就是我的成长!""原来我在公办学校做临聘教师,学校对我们的培养力度还是有差距的,学习及参加各级教育教学大赛的机会也是不一样。""'六造'带给我全新的教育体验,让我的教育生活变得丰富多彩,使我更加明确了未来专业的发展方向。"一名有六年小学教龄的吕老师如是说。

### (二)从学生、家长的感受来看

教育的起点是人,终点是人生的幸福,而过程则是生命的成长。开学不久,四年二班的李宝妈妈哽咽地对班主任郑老师说:"李宝由于学习习惯不好,成绩一直不理想,孩子也变得不自信,转到东湖路学校后,孩子变化很大,能够主动和家长交流,分享班级的趣事。一次公开课后,放学回到家里,孩子激动地告诉妈妈,今天有那么多老师听课,郑老师居然还提问我,告诉我不要紧张。妈妈,你为什么不早点把我转到东湖路学校呀?"让孩子们能有轻松愉悦的学习氛围,有丰富多彩的校园生活,有健康

快乐的成长环境,关注孩子的全面发展,让他们健康自信快乐成长是东湖路学校教育工作者的专业追求!

(三)从校长评价来看

一年的"两自一包"改革实践,我们收获很大、体会很深、感触很多。在区委、区政府的坚决支持下,区教育局改革办带领东湖路试点学校在摸索中前行。学校拥有浓郁厚重的教书育人氛围、开放办学的自主发展环境、公平竞争的专业发展机制,令人印象深刻,学校的服务更到位,方法更灵活,孩子更开心,家长更放心,老师更舒心。来学校调研指导的领导、同行都说:学校风貌、师生状态、教师的精神气就是不一样!目前道里区多所学校也在积极申请参加"两自一包"改革。兄弟学校的认可,让我们有信心、有决心将改革进行到底,让更多的老师、学生、家长受益,让道里教育在改革中不断激发新动能、引领新发展、贡献新智慧!

未来不是在某个地方等待我们的静态图画,而是需要我们去主动创造的流动图景,有机遇,也有挑战。在向着未来的行进中,我们将满怀自信,奋力生长、奋发向上。唯有勇于实践者,才能永远成为时间的朋友;在奋斗的征途上,唯有勇于跋涉者,才能踏出时代最美的足音。

行者无疆,足音激荡!

思考 实践 感悟 //

# 重本真、筑内涵、铸品质、创一流
# 成就东湖路学校之发展
―― 东湖路学校三年发展规划

让每个孩子都能接受公平有质量的教育,为师生搭建人生出彩的舞台,办百姓身边满意的教育,更好地服务于社会发展,东湖路学校带着责任与使命即将起航。怎样为学生的健康快乐成长搭台铺路,怎样影响学生灵魂的生长,怎样办好对学生一生负责的教育,此刻,东湖路学校教育工作者要重新认识教育,静心琢磨,精心规划学校未来三年的发展之路。

## 一、学校自然情况简介

东湖路学校是由哈尔滨市教育局投资5400余万元,全力打造的一所高标准、高品质的现代化新区名校。学校占地面积19873平方米,建筑面积近12000平方米,规划36个班型,能容纳近1800名学生就读。学校坐落于东湖路与融汇路交会处,是群力新区第一所现代化九年一贯制学校。东湖路学校将于2018年9月招生,届时将面向群力家园、武警小区、康泰嘉园小区、阳光颐养花园小区、阳光育博苑小区5个小区全面招收一至六年级的学生。

学校各种馆室一应俱全,每层楼分别设有开放式活动空间,为学生打造学习、活动、交流三位一体的自由空间;学校操场规

划 200 米跑道运动场,为学生提供充足的体育锻炼活动场所。巨资的投入、人文的设计、现代化超一流的硬件设施将为学校可持续发展奠定坚实的基础。

为了给这所新建学校配备最优质的师资力量,道里区委、区政府和道里区教育局不仅面向外区吸纳精英,而且在本区内进行公开选调,鼓励优秀教师充实到新建学校。目前,东湖路学校已经组建了一批包括特级教师、省市优秀教师、优秀班主任、市区学科骨干教师、区首席教师在内的核心团队,他们是师德高尚、业务精湛、甘于奉献、勇于创新的新一代开拓者。高端的建设标准、过硬的人才配备,加上得天独厚的新区教育资源,为这所学校未来的发展提供了强有力的保障和广阔的发展空间。

## 二、学校未来三年发展目标

在区委、区政府,区教育局的大力扶持下,学校要抓住教育发展契机,分析现状,理清发展思路,确定"以完善制度建设为前提,以加强教师队伍建设为核心,以构建高效课堂教学模式为突破,以开发有效校本课程为载体,以培育自主发展的校园文化为手段,以制定科学的师生评价体系为途径,通过引领教师专业成长促进学生成功,使学校快速走上为新区百姓提供优质教育的发展之路"的基本思路,通过筑就内涵力量,促进师生形成"想发展、能发展、会发展、发展好"的态势。

## 三、学校发展路径及策略

东湖路学校要坚持把学校发展作为第一要务,坚持把质量提升作为第一目标,坚持把课程建设作为第一突破,坚持把师资建设作为第一平台,坚持把改革创新作为第一动力,坚持把社会满意作为第一追求,做有温度、有质感的教育。学校要在价值引领、激活内需、评价激励、转变职能、搭设平台等方面积极探索。鉴于此,确立学校未来三年发展的成长路径:积淀、思辨、砥砺、笃行。

(一)积淀,是学校发展的土壤

提质量,创品牌,出特色,办名校,东湖路学校必须要厚积薄发。

1. 要以现代办学理念追求学校发展品质

教育需要思想,需要理念,用办学思想、办学理念凝聚人心,管理学校,创新办学模式。每所成功的学校,都有它深刻的内涵和理念,有其独特的特色发展历程。成功的名校,虽然办学思想不尽相同,但正是这些不同的思想,造就了各种不同的名校。

理念是行动的先导。理念决定了学校的发展方向、发展速度和发展质量。好的办学理念是符合教育发展规律和时代要求的必然选择,是学校教育的一面旗帜或品牌,是学校管理者可继承延续的一种文化脉络,它在某届校长手里诞生,却不会因这届校长离去而消失,它早已具有了某种文化力量。所谓"三流学校看校长,二流学校看管理,一流学校看文化"。好的理念是一种精神引领,一所学校如果打造不起自己的办学之魂,就会缺少一种灵气,学校发展的原动力就会枯竭。教师的成长发展愿景是否与学校发展愿景同步非常重要,学校要给予教职工这种方

向上的精神引领,才会使学校和教职工的发展更具张力。

学校将以"培养适应未来社会需要的个性化人才"为育人方向,着眼于学生的终生幸福生活,为成就每一位学生的未来服务。学校将秉持"为师生搭建人生出彩的舞台"的办学理念,让每一位教师在发展中享受幸福,让每一位学生在成长中体验快乐;以"办百姓身边满意的教育"为办学目标,未来三年,应是生根、发芽、成长之际,学校会牢牢树立民主和服务的思想,树立逐级向下服务的思想,给基层组织和教师自主权,为老师的教学创造宽松的氛围,让每一位教师发挥自己的潜能。

未来三年,我校要做好以下四份规划,即学校发展规划、学校文化规划、学校课程规划、教师发展规划,实事求是地"定好位",在"特色"和"个性"上下功夫。我校要调动所有师生和家长参与进来,吸纳多方资源,共同参与学校的发展建设,真正使学校理念由学校制造变成学生、家长、教师的共同创造,成就师生的本色人生。

"成功不是将来才有的,而是从决定去做的那一刻起,持续累积而成。"作为管理者,我们要做到不断反思自己的管理行为,摸索适合本区、本校的教育教学管理办法,强调沟通与协作,通过不断梳理并改造流程,明确边界,理清流程,细化常规,使管理工作简单化、常态化,进而更好地为教育教学服务。

2. 要凭借厚重的校园文化积淀对师生进行熏陶浸染

美国教育家伯尔凯和史密斯曾指出:"一个办得很成功的学校应以它的文化著称。"的确如此,如果一所学校没有文化,这所学校严格意义上不能算是一所学校,缺失文化的学校是没有灵魂的躯壳。物质资源总是有限的,唯有文化是生生不息的。学校只有形成了属于自己的健康、向上、团结、进取的校园文化,才会拥有永久的生命力和核心的驱动力。

具有生命力的校园文化对人的成长、学校的发展具有不可替代的作用。然而一提到校园文化,人们往往会马上想到高标准、高品位的物质文化的独特布局,想到校园美丽雕塑和各色标语牌以及富有个性的楼道文化等,当然这些都可以展现校园文化的风采。但这仅仅是校园文化极小的部分,这些静态的文化,尽管它的作用不容忽视。有人也给予它很高的评价,说它是无声的歌、无言的诗,具有渗透性、潜在性和感染力,使人在潜移默化中受到熏陶和教育,但动态的校园文化更应是我们不断追求和培育的。而在动态校园文化中我们更青睐于校园的精神文化,这是一所学校的灵魂和精髓。校园的精神文化应集中表现在校长及广大教师心中对教育理想的不懈追求。

未来三年,全体东湖路学校教育工作者将会凝心聚力,为实现教育理想精诚团结,树立互帮互助、脚踏实地、积极探索的共同价值取向,创办校刊校报,抒写校史,不断积淀我校文化内涵,创新校园文化,让每面墙都能说话,让每间教室都能发挥育人功能,让学校成为学生幸福成长的重要基地。

3.要靠打造一支优秀的师资队伍提升办学质量

李希贵校长曾说:"有了先进的办学思想和教育理念,还需要教师心悦诚服地接受这种先进的办学思想和教育理念,并用行动去诠释、践行,在每一个课堂里实现,让每一个学生受益。"他提出了"有什么样的师资就有什么样的课堂"。

　　判定学校质量的最重要因素,就是教师的素质,这几乎是每一个教育工作者都认同的。因为如果没有一线教育实践来实现教师自身的变化,要实现学校改革是不可能的。只有教师改变了,学校改革才能深入到每一个课堂、每一间教室,只有注重每一个教育过程的变化,学校才能呈现出适合每一位学生成长的生态。一所好学校,除了有一个好校长,还在于有一大批名师,在校长引领下他们要撑起学校幸福教育的天空。

　　梁启超先生在《敬业与乐业》里说:"人生能从自己职业中领略出趣味,生活才有价值。"敬业更乐业——这将是我们共同的追求,尤其是在青年教师较多、外调教师较多的情况下,如何引领教师们对专业工作表现得心甘情愿、毫不勉强,不为物欲左右,不为名利所动,是学校要探讨的课题。

　　未来三年,东湖路学校力争通过专家工作日、专家讲座、参与式集体教研等方式创设条件、营造氛围,通过专家走近师生、教师走近专家、同伴互助、骨干引领等多种方式,通过整合借势,强化专业引领,针对不同经历的教师设计不同的培训形式和培训内容,最终达到:寻找基点,做一名好教师;丰富内涵,当一名好导师;打造特色,当一名好研师;提质创优,做一名好人师。

(二)思辨,是教师成长的内因

　　思辨的最终目标不是为了证明或确认一个科学的定理,而是为了鉴别和选择一个最佳价值理念或行动准则。

1. 风格之思　让教师过一种专业生活

对风格的定义,不同的教育大家有不同看法:讨论风格就是在讨论人格;风格是特殊的人格;风格是艺术家乞求的最高境界;思想是风格的血液,风格是思想的雕塑;风格让我们过一种专业生活……对一个概念能从不同角度下定义,一定是源于对这个命题的长期研究与深入思索。这样的思辨,不但没有模糊我们透视风格的眼睛,反而使我们对风格有了更多元化的认识。

未来三年,东湖路学校力争要培养出一批有自己教育教学风格的教师。学校会在引导教师进行准确的自我分析的基础上,从知识背景、性格特点、教学经验、教学特色等方面帮助他们分析出自己的优势与不足,助力教师教育教学风格的形成。

2. 育德之思　让学生在张扬个性中自主成长

"我们今天的教育是在泯灭个性;每一项决策都在释放着20年的红利;个性就是创造性,严苛的环境里没有创造性;德育,就是善良的人去造就别人的善良;课程育德,就是课程的知识能力素质及教师本身的德性;中国的教育把好端端的孩子变成了赝品;素质教育是遥远的风景。沉睡的教师自由;功利主义使教育理想荡然无存……"教育专家严华银如是说。

德育是中国教育的特色产物,实效性与针对性始终不强,一直处于被应试教育绑架的地位。今天我们该如何"育德"而不是继续满足于"假、大、空"的德育,这样的呼唤振聋发聩。严华银老师的思考,我们平时很少听到看到,也许有一些偏颇,但是却也折射着思考的深度和力度。这样的思考,带给人更多的是

唤醒,是启示,是对"育德"的深入之思。

提高教育质量必须全面落实立德树人根本任务,必须要回归教育的本真,为每个学生提供适合的教育,促进每个学生主动地、生动活泼地发展。探索德育有效途径,鼓励学生自主发展,为提质创优护航将是我校不懈的追求。

3. 课堂之思　从学科教学到学科教育

不可否认,在教育的目的中,人的发展要高于知识的学习。课堂教学起点不应是知识,终点不应是分数,而应是生命的成长。课堂教学不能只盯着学科知识,更应该关注人的发展,要注重学生的精神成长、人格的发展。教育归根结底是人的教育。

学生能学会的一定还需要老师讲吗?学生一定要通过老师讲才能学会吗?未必。因此,老师讲了就一定能使学生学会吗?放弃自己一直很享受的课堂,将课堂还给学生;放弃驾轻就熟的教案,让学生自主学习;放弃精心制作的课件,把探究的机会留给学生;放弃完整规范的板书,引导学生自己总结,才是应有的教育方式。反思我们的教育,在充分关注个性方面做得还不够,是我们对人的理解不够精细化。我们常常说:"教育要关注每一个学生",而"关注每一个学生"和"关注这一个学生"是不同的。

今后我校的课堂教学,会利用小班额的优势,做到精细化,针对个体的差异,制定符合其个体特点的教育菜单,变丰富的大餐为私房菜,从而适应个体对教育的需要。引导教师要与过去的自己告别,改变教学方式,进而改变学生学习方式,帮助教师完成个人专业发展挑战性的成长。

(三)砥砺,是学校成长的动力

砥砺,在字典中有两种解释:其一为磨炼,其二为相互勉励。教师要对教育的本源性进行思考,要把教育事业当作一项崇高的追求,就必须自我磨炼、相互砥砺。一所学校要发展,一定是群体成长,而非个人的单打独斗,需要顶层设计。

1. 目标的激励

提质创优,办让社会、让家长满意的名校会一直是东湖路教育人不懈努力的办学方向。有理想在心间,有目标在前方,就会使人生发出不竭的动力。论师资队伍,正在成长中的我们肯定比不上一些老牌名校;论教学创新,我们可以让自己的步子迈得大一些;论办学规模,初期也许我们的学生数量不会太多;论教育投入,论教师幸福指数,我们似乎都底气不足。但位于道里新区这样得天独厚的地理位置,打造一支肯吃苦、善学习、勤反思的教师队伍动车组,会为我校整体提速发展提供动力,"一年上轨道,三年见成效",我们要加速行驶。

2. 团队的磨砺

雁群在飞行时组成"V"字队形,可以增加雁群71%的飞行速度。当某只雁离队时,它立即会感到独立飞行的困难和阻力。它会飞回队伍,利用同伴提供的向上之风继续前进。当雁群中有大雁生病或受伤时,通常会有两只大雁保护它,并发出真诚的声音,鼓励它继续前进。当头雁在飞行疲倦时,便会退到侧翼,由另一只大雁担当头雁。

"雁形文化"让我们可以知道通过建立团队,实现同伴互助,可以汇集众人的智慧,弥补个人技能的不足,开发新的框架,分享彼此的经验和知识。也只有以团队为基础的同伴互助,才可以加强教师间的彼此理解,使得他们对复杂的问题有足够的洞察力去反思,并对其他团队有作用,且把反思扩散到团队内的其他方面。

打造特色教研组、创建名师工作坊,我校要通过团队建设,实现互助,汇集众人的智慧,弥补个人技能的不足,分享彼此的经验和知识。利用校园网络开通"同研共享群"。相信在这样的团队研修中,成长的绝不仅仅是教研组长或领衔人本人,更是整个工作坊的每个人、整个团队的每个人。而最终受益者是我们的学生。

(四)笃行,是提高质量的支点

丰厚的养分,思辨的智慧,砥砺的坚韧一定会成就我校的发展;但是心在未来、路在远方,能够持续走向未来和远方的还是坚定的理想信念与坚韧不拔的意志。这种修炼,叫作笃行。

1. 笃以精品化校本课程深化育人内涵之行

新课程改革以来,各地中小学在校本课程开发方面的力度很大,部分学校甚至开发了上百门的校本课程。随着课程实施的逐步深入,一部分校本课程得以固化和深化,并逐渐成为学校的"必修类校本课程"。

长期以来,我们的课程,包括课程设置、课堂结构、课程计划、教学大纲、教科书,每门课每周开几节都是由国家统一规定,教师、学校甚至地方教育主管部门在课程上几乎没有发言权。教师关心的只是怎样将规定的内容更好地教给学生,不需要、也不可能自定课程。所以很多教育工作者至今只有教学意识而没有课程意识。他们往往过于注重学科的专业性和系统性,而对课程的整合与分化重视不够,对开发学生智力,形成学生的动手能力,培养学生的创造能力重视不够。

解决这些问题需要我们思考能否把国家课程本土化,变成教师真正理解的课程去实施;地方课程怎样实用化;学校课程怎样更富有个性化;依托校本、依据学生开设哪些课程;如何与国家课程、地方课程一样做到统筹兼顾,将学校课程纳入总课表;怎样更好地按照校本课程的实施要求进行教学,履行该课程预期达到的效果;学校如何有效地对学生进行考核和评价……东湖路学校将以问题研究为课程建设的切入口,唤醒老师们的课程意识,创设现代化、人文化、生活化的校本课程,并从人文生活的情境中凝练课程的价值取向,即求真、向善、尚美。

2. 笃以有效的课堂教学模式促教学质量提升之行

学校无论发展到什么阶段,如果缺少有核心竞争力的课堂,仍然只是行走在教育边缘上。针对新建学校的实情,学校要从构建有效教学模式入手,从而为提优保质护航。教学模式是在一定教学思想或教学理论指导下建立起来的较为稳定的教学活动结构框架和活动程序。作为结构框架突出了教学模式从宏观上把握教学活动整体及各要素之间内部的关系和功能。作为活动程序则突出了教学模式的有序性和可操作性。

教学模式在一定程度上能够促进教师对教学的反思,有助于教师教学能力的提高,其直指实践的特性,有助于年轻教师的迅速成长。在方法论意义上,教学模式改革研究有助于教学理论研究的发展与创新。教学模式也具有一定的局限性,对此,我校要根据师情、生情,要求教师树立正确的教学模式观,领悟教学模式建构的方法,结合学科教学实际,结合课型实际,探讨适合本学科的教学模式。

3. 笃以学习借力、问题引领、行动研究丰润教师之行

"不学习就是拒绝成长"。学校号召教师在之前学习的基础上,在先前工作经验的基础上,进行更广泛更深入地阅读,在广泛的阅读中提升自己的理论素养,借力成长。让老师们意识到不仅要阅读,还要思考,不仅要思考,还要在实践中践行。

今后学校一是要带领老师阅读经典著作,培养教师的阅读力,阅读教育学、心理学、社会学、学校管理学等专业书籍,要不断提升师德修养,更新教育教学理念,增加专业知识的宽度与厚度,丰厚理论底蕴,提升理论水平。树立终身学习的理念,使学习成为一种习惯。二是在改革实践中要不断提高教育理解力。要关注教育的发展,正确认识教育发展中的问题,积极寻求解决问题的办法。按学校的发展规划进行课题的研究,在任务驱动型的学习与研究中,提高对教育实践的认识,加深对教育规律的理解。三是要加强行动研究,提高教师的行动力。开展好校本研修,在研究中促进个人的理论发展。立足课堂,发现问题,解决问题,在行动中研究,在研究中行动。四是要帮助教师形成反

思力与写作力。结合实践探索提高对教育现象的认识,养成对教育问题进行专业反思的习惯,提高专业思维水平。养成对教育问题进行整理的习惯,提高自己的专业写作能力。

4.笃构建以人为本的综合素质评价体系之行

新课改倡导"立足过程,促进发展"的课程评价。评价,应当为促进学生在课程学习的过程中进行学习建构而服务,考虑过去,关注当下,着眼未来。只有以人为本,最大限度地发挥评价的过程性和发展性功能,才能有效提升教育教学质量,进而促进学生综合素质的发展以真正实现人的全面发展。

我校会在基于新课程标准,基于学生发展的背景下,基于核心素养落地生根的基础上,为每个年级的每个学科制定素质发展考核细则,包括素质发展目标、素质发展评价标准、达到情况和考核后的评价。学校采用《学生素质发展报告单》的形式,使家长清楚地了解学生在思想道德、文化科学、体质体能、艺术审美、劳动技术各方面不同阶段的发展情况,为了反映学生在校表现出来的个性特长,报告单还列出了"个性心理素质"及"特殊才能"等栏目,体现了评价标准对学生个性的充分尊重。初中学习生活结束后,这本报告单将成为记录学生成长的一份翔实的档案,它将是学生的一本荣誉册、进步册、成功册。其实,我们追求的不是给学生下一个简单的结论或与他人比较,而是通过评价来让学生了解自己在发展过程中的优势和不足,不断形成并完善自身的素养,成为发展的动力。

评价,这里也包括对教师的评价。学校要确立强化教师优

势评价、激励教师自主发展思路,将"改进教师评价机制,促进教师队伍建设"作为促进教师发展的突破口,探索符合我校发展实际的校本评价机制。指导思想是强化优点,模糊评价,重在反馈,引领教师自我评价、自我反思和自我调整,建立《教师业务考核档案》,记录教师成长足迹。

5. 笃"互联网+"时代成就创新型教师成长之行

最近几年,教育信息化的发展到了一个新高度,"互联网+"和"大数据"已逐渐上升为国家战略。"互联网+"和"大数据"对教育会产生怎样的影响?近十年来,信息技术的发展,微课、MOOC、翻转课堂、移动公开课等涌入课堂。混合学习是优势互补,是差距消弭,是效率提高。

我校将号召全体教师突破传统教学理念,拥抱"大数据"。随着技术和教育的深入结合,老师们面临的挑战越来越多,不努力接收新的事物,会有种被淘汰的危机感。鼓励教师尝试用社交网络、在线平台、移动工具为教育教学搭建平台,通过混合式的专业发展渠道,把握不同情境下的教学活动,如面授教学、在线教学、学生自定义教学等相结合的混合式教学方式。做研究型教师,"互联网+"时代,教师发展的高级阶段归根到底还是需要教师保持极富个人特色的独立思考。

**发展保障措施:**

"大目标,小步走",把学校的三年发展目标落实、分解到每个学年每个学期,按步实施。根据教育教学的实际,及时收集资料,汇总梳理,各项工作由专人负责;根据教师和学生的实际情况进行适当地调整,力争完成各项目标。

第一阶段(2018—2019年):完善设施,确定目标。

重视校园人文环境和自然环境的建设,完善与校园文化活动相关的设施,将确立的各项制度推入轨道,切实落到实处。

确定文化建设的方向,营造良好的育人环境,建设"文明、数字、安全、人文、和谐、书香"的校园。

在全校开展深入学习"三风一训"活动,尽快树立学生的主人翁意识,在学生心中树立我校品牌。

建立学校公众号,将学校的信息实时发布,全方位宣传,在服务家长的同时,也无形地宣传了我校品牌。

第二阶段(2019—2020年):活动实践,不断创新。

围绕学校的三年发展规划整体目标,落实已经制定好的各项制度,确定每月的教育教学活动主题。积极开展班级特色活动,寓思想道德教育于文化活动之中。在校刊校报和学校的宣传栏进行重点宣传,发挥同伴影响互助功能。

第三阶段(2020—2021年):形成特色,创建品牌。

锻造和培育校园文化精神,注重积淀,提升素养,注重特色,积累经验。

**存在的困难:**

1. 师资

2. 经费

让孩子们享受到公平的教育、幸福的教育、高质量的教育,要求我们做"接地气"的教育人,不在云端跳舞,紧贴地面行走。

未来三年,东湖路学校会秉持着重本真、筑内涵、铸品质、创一流的工作思路,完成"由新学校变名校""由名校变特色学校"的发展之旅。贾平凹在散文《地平线》中这样写道:"命运和理想是天和地的平行,但又总有相接的时候。那个高度融合的统一的、很亮的、灰白的线,总是在前边吸引着你。永远去追求地平线,去解这个谜,人生就充满了新鲜、乐趣、奋斗和无穷无尽的精力。"东湖路教育人会以追逐者的姿态去追求属于我们的教育地平线,永远奔跑在教育提质创优的路上!

## 立足校情 鼎力革新
## 让核心素养在课堂上落地生根

为了让核心素养真正落地,提高教师课堂教学执教能力,我校积极进行学生发展核心素养的课堂教学改革,学校成立了以校长为组长,教学管理中心负责人为副组长,学部主任、教研组长、备课组长为组员的"让核心素养在课堂上落地生根"的教学督导组。督导组成员分工明确,各负其责,围绕如何让学科教学成为核心素养落实的主场和学科教学的几大环节进行督导,带领老师们在探索"发展学生核心素养"的研修路上,不忘初心,砥砺前行。

### 一、学校的推进策略

在明确学科核心素养的基础上,老师们不断改进教学方式及学生学习方式,全学段、全学科打造基于学科核心素养的精彩课堂。要求紧扣学科的性质,遵循学科的学习规律,重视课堂实践,把落实学科核心素养作为课堂教学的主旋律。

1. 教学督导组依据校情,确定工作计划,推进到各学年、各学科;

2. 在计划推进的过程中,不断排查问题、检验实验工作环节,进一步调整工作措施;

3. 关注典型教师、典型学科,形成初步经验,进行梳理归纳总结,进行全校交流,做到榜样引领。

## 二、目前的主要成绩和典型做法

为落实核心素养目标,落实有效教学,课堂上突出学生的主体地位,设计有效的教学活动,学校给老师们提供了学习、展示、研究的平台。老师们通过聆听专家讲座、外出学习、教研培训、校本研修、观课学习、同伴互助,听别人的,想自己的,在自己的课堂上大胆尝试,主动思考,合作共研,呈现了一节节扎实有效的课堂教学,在核心素养与学科教学有效对接的研究之路上且行且思。

1. 适切的教学目标设计——培养核心素养的出发点

学校统一对教师设计教学目标进行要求:教师要深刻领会核心素养的内涵,把握好学科教学的具体目标及其之间的内在联系;关注延续性,充分认识学生核心素养培养与发展是一个循序渐进、不断深化的过程;关注目标实效,目标准确,具有可操作性,与实际的教学内容、学生的认知水平和心理特征相契合,具有可检测性,目标符合学生内在需求,适合学生已有的思维结构

与能力层次,抓实目标落到整个课堂教学活动中。

我校坚持以"教、研、学"一体化的校本培训为依托,以打造高站位的优质课为载体,以核心素养的课堂落实为抓手,最大限度地为教师的专业发展铺路。过程中,学校聘请黑龙江省教育学院教研中心主任、研究员,教育部"国培计划"专家库专家冯莉教授为教师作《聚焦核心素养走向深度学习》的专题讲座;学校要求全校教师再次学习课程标准,撰写学习心得;建议各科教师重新审视教材、改进教法;号召各教研组合作研究,从学生发展的角度,研究不同学段核心素养的纵向衔接和横向联系;开展教师基本功大赛、智慧教室学习培训活动,关注教师的专业能力提高;设计各个学科的特色教案,关注学科历史故事、学科历史人物,聚焦落实学生发展核心素养。可以说,讲座、学习、研讨、反思让每位教师围绕核心素养进行了一次输入,一次洗脑,一次颠覆。教师们的学习心得与反思,针对问题进行的深入探讨和学习,这些问题分析手段将核心素养指导、引领、辐射学科课程教学的功能最大化,服务了学生的发展。

2. 带有思维含量的问题情境创设——培养核心素养的切入点

在具体目标指引下创设问题情境,通过分析、理解、归纳等策略达成理解的空间学习环境。创设有针对性、启发性、新颖性、趣味性、互动性,激发学生探究问题和解决问题的积极性和创造性的思维活动,真正促进学生变被动学习为主动学习,由"学会"向"会学"的学习方式转变;创设形式多样的问题情境,挖掘学生的潜能,提高学生对问题探究的内驱力,培养学生的求异思维和创新精神。激发学生学习兴趣,在感知、体验和思考过程中,深化对知识的认识与判断,进而生成鲜明的情感态度价值观。

课堂上,教师注重培养学生的问题意识,让学生在解决问题的过程中提升学习力。教师的问题要能引起学生的头脑风暴,学生的问题要体现他们的思考——这是学校教学督导组在学校开展的学科教学交流研讨课活动中的观课点,也是平日常规听课的交流点。课堂上,敢于放手让学生大胆提出有价值的问题,让学生的思想碰撞出智慧的火花,并能自主独立解决问题,学生的成长之路才会更宽、更远。教师正是在磨课中蜕变,在听课中取长,在反思中成长,整体提升教师的专业素养。正因为每位教师都有力争上游的动力,有直面问题的勇气,有自我反思的能力,学校这辆动车才能在教学研修的轨道上飞速前进。

3. 有效的合作探究——培养核心素养的着力点

学校要求在教学中抓牢"合作探究"这个着力点。学校要求课堂小组合作必须人人有任务,个个有声音,避免假合作,而是真学习。

学生通过分工、合作、阅读、思考、讨论、交流等活动形式,获得知识、技能、态度与价值观的发展,从而培养学生注重探索精神、创新能力和实践能力。培养学生掌握探究问题的方法和技能,发展学生的思维能力,提高学生理解与解释问题的素养,提升学生的交流能力、合作精神和竞争意识。

4. 实现情感体验的教学设计——培养核心素养的立足点

学校要求教师研究能够帮助学生核心素养形成的学科故

事,使学生不仅获得知识与技能,更进一步获得过程中的体验和感悟,并内化为优秀的品格,外化为崇高的行为。形成"情动—体验—理解—内化"的教学过程。教师在课堂教学中,必须运用多种行之有效的方法将情感态度价值观无痕地渗透到课堂教学中,陶冶学生的情操;必须运用富有魅力的讲述法,以丰富的情感,生动形象的语言和抑扬顿挫的声调,再现学科人物的容貌与言行,让学生在体验的基础上,生成鲜明的情感态度价值观。

5. 多元的课堂评价创设——培养核心素养的支撑点

学校将探索建构多元的课堂评价模式:评价目标的多元化、评价主体的多元化、评价方式的多元化和评价标准的多元化。既重视学生对知识的理解与技能的掌握,也重视对发现问题和解决问题能力的评价,重视学生情感、态度与价值观形成和发展的评价;重视学生在评价过程中的主体地位,不仅是教师评价学生,还有学生自我评价,相互评价;注重过程性评价,既看学生对知识掌握的结果,也看学生在学习过程中是否有所感悟、体验;评价的手段除纸笔测试外,还将采用课本剧表演、小论文撰写、调查活动等方式;尊重学生的个体差异,针对不同学生的劣势与存在的问题,提出解决问题的最佳方案,尤其是对于缺乏信心的学生的评价更要鼓励和支持,以充分发挥评价的激励和发展性作用。

6. 尊重个性的生本课堂——核心素养落地生根的聚焦点

基于核心素养下的生本课堂,应以学的规律来定教的内容;以学的需要来定教的策略;从教为中心的课堂真正转变成学为中心的课堂。促进学生深度学习,真正让不同学生在课堂上有不同的发展和提高,从而提升课堂教学研究的品质。基于核心素养下的质量观,一定是指向每一个全面发展的学生,是一个既见森林又见树木的全面、科学、系统的评价与分析,更是学生可持续发展的关键。基于对核心素养的理解与认识,我校的质量观一直以来不是单纯地以提高考试成绩为目标,而是在培养学生基础学力的同时更关注学生学养的提升,学校把质量的目标定位在培养一个完整的人。

学校每学期开展学科听评、研课、听课月活动,开展期末复习引领交流课活动,发挥名优教师的示范引领作用。课堂上,老师们能够站在学生的立场上思考教育教学问题,始终把学生核心素养的培养放在首位。尊重每一名学生,关注每一名学生课堂上的生命成长,为每名学生创设表达自己的机会——这就要求老师们尊重教学规律,做实教学常规的每个环节:有效的集体备课与个备;毫无保留的资源共享;认真的批改、激励性的语言评价;分层递进的作业;忘我的辅导等工作使学科核心素养在课堂上落地生根。

7. 丰富的课程开设——核心素养落地的生长点

课程是教学活动的载体,核心素养落地需要课程创新。在认真落实国家课程和地方课程的基础上,我校还将立足适合学生需要、激发学生热情、促进学生个性发展,以"基础、均衡、选择"为目标,开好校本课程,即:课程化的学生活动、特色化的社团课程、生态化的德育实践活动课程。

学校通过开设必修课和选修课,如文明礼仪、硬笔书法、国学经典、综合实践活动、专题教育等必修课程;英语沙龙、竖笛、摄影、篮球、冰上运动、冰雕欣赏、设计课(班徽设计大赛、班级布置、校服设计)、足球、舞蹈、国画、板羽球、声乐、趣味生物、趣味英语、趣味数学、趣味地理(家乡地理风貌、物产资源、旅游资源)、趣味跳绳、趣味历史、中国汉字艺术欣赏、软笔书法、电脑平面设计等20多项选修课程,满足学生兴趣的多样化,为每一位学生提供适合的教育内容,让校园的每一天都因为学生的个性成长而流光溢彩。

### 三、工作中存在的问题与困惑

在核心素养常态下,学校该作出怎样的校本化解读,并以此构建课程体系;如何将一纸平面的表述转化为立体的教育教学实践;如何关注深度学习,促进学生综合素养的全面提升等。要让核心素养在一所学校落地生根,要让喊出来变为干出来,的确需要每位教师动起来!

工作中存在的问题与困惑:

1. 理念更新需提速

部分教师理念更新还需提速。尽管学校不断组织各种形式的培训学习活动,个别教师总觉得自己已有一定教龄,已有一定经验,不顾及当前的教育形式,上课还有"一言堂"的现象,不"舍得"将课堂还给学生;对新的教学信息手段掌握速度慢,应用不熟练,教学形式较陈旧,不符合当前教学的要求,不能满足学生学习的需求。

2. 学习实践有脱节

部分教师存在学习与实践脱节现象。一小部分教师主观想努力,也能积极参加学习,但在接受新鲜理念之后,慢慢地又会产生为难情绪并打退堂鼓,如适时地将社会主义核心价值观融入教学,如有意识地将核心素养融入课堂教学改革中。

3. 名师引领要加强

部分优秀教师视野不够开阔,工作魄力不大,引领作用发挥不够明显。

4. 职业倦怠需克服

个别教师身上还存有职业倦怠的影子。职称评定后,工作热情明显退却,还需领导不断关注与鞭策。

## 四、下一步工作设想与建议

今后,我校继续在聚焦课堂、直面问题、围绕核心素养的教学模式,细化教学环节,探索生本课堂上发力,使教师内涵得到深化,知识得到更新,能力得到提高,专业发展得到促进。

1. 继续坚持开展好国家三级课程,按规定开齐、开满课程,不出现随意增减课程和课时的现象。

2. 扎实开展好常规教学的各个环节。

3. 引领教师满怀激情上课,因为只有激情才能激发激情,教师需要激情,只有激情才会有创造,才能使学习永远具有探究的魅力。

4. 继续探索学本课堂。关注全体学生,让每一名学生获得提高。

5.学校要继续开展"基于课程标准的零起点教学",关注中小学知识能力和教法学法的衔接,执行课时计划的同时真正减轻学生的课业负担,让学生在学习中快乐健康成长。

6.利用教育集团领办学校的契机,继续积极开展核心素养的学习和研究活动。对学校及集团兄弟学校出现的典型经验要认真梳理总结,进行交流推广。

今后,我校全体教师定会驰而不息,在追寻发展学生"核心素养"的课堂教学中,会看到更美丽的教育风景和更有温度的课堂,享受到更有意义的教育幸福;作为核心素养试点校,我校定会始终坚持全面育人理念,通过提升教师个人内涵,加强教师队伍建设,促进学生综合素养全面提升,护航师生的幸福人生!

## "五型并举"校本研修促青年教师成长

哈尔滨市东湖路学校是道里群力新区一所公办九年一贯制新建学校,是黑龙江省第一所实行"两自一包"的学校。当道里区委区政府、区教育局将"人权""事权""财权"这"三权"下放,给予东湖路学校最大的办学"自由"之时,东湖路教育人将重任担在肩上,守正出新,行稳致远,立志打造一所有活力重创造、有文化重内涵、有成绩重发展的老百姓家门口的优质学校。

大视野决定大格局,大格局才能带动大发展,一年多的改革实践,我们的感受是分权是保护;设岗是关键;目标是方向;过程是导向;薪酬是动力;创优是目的。

我校内部管理机构的设置——"五心五会"。由校长在区域内自主选任各中心的负责人。探索校长负责制下"扁平化管理、共同治理"的民主治校模式，垂直对接，减少时间、人员上的浪费。面对平均年龄不到30岁的年轻教师团队，管理团队懂"五给"——给目标、给方法、给引领、给榜样、给平台；教师团队重"五会"——会微笑、会倾听、会沟通、会表扬、会合作，让刚刚出大学校门的老师们工作有抓手。作为老师辈的管理者，帮、扶、教、带，我们要掌握好火候，我们要给自己定好位——首先是服务者，引领者，我们说话要有温度、批评要有尺度、引领要有高度、指导要有深度、做事要有效度，教师的发展才会有速度。

教育是有规律的，学校、教师、学生的成长都不是一蹴而就的。有了教师的成长，才会有学生的成长！为了快速有效提升青年教师专业发展，我们立足校本教研、创新机制，创设了"行·融汇"教师专业培训体系，搭建一条"暖、习、研、融、行"五型并举的教师成长通道，引导新教师扣好职业生涯的"第一粒扣子"。

## 一、"暖"出专业温度

学校以"温暖的东湖路，如何做富有魅力的教师"等内容为主题持续作职前专题讲座，充分发挥各大中心的职能，组织丰富多彩的活动，让每一位老师体会到团队的温暖，不断提升青年教师的专业温度，激发青年教师成长的内驱力，做一个有理想、有格局、有智慧、有温度的东湖路教育人，培训后，教师主动地结合自身实情制定个人发展规划。

## 二、"习"出专业基础

不学习就是拒绝成长,重视和坚持基本功训练,对《新课标》《教师专业成长标准》等的学习领悟,构建了教师成长五部曲学习提升模式,旨在练好老师们的教学基本功。读书写作出点子,教学管理中心通过鼓励教师制定自己的读书计划,写读书心得,说"教育故事"等形式,带领老师们在读书的过程中提高自身修养,学做事、学做人、学沟通,找到教育教学的黄金点子。实践培训架梯子,为帮助青年教师快速成长,每个月,各大中心有计划地安排专家或区域内名优骨干教师给青年教师们进行培训。初期学校的专题讲座大部分都是由学校几个大中心负责人亲自讲,将容易出现的问题、共性的问题进行案例式的剖析,提出切实可行的对策和建议,通过专家引领、实际操作、课堂观摩与评价等形式丰富青年教师的文化内涵,切实提高教师的育人智慧。以赛代训、以课代训,开展校内教师基本功大赛、新课标学习知识竞赛、学科负责人公开展示课、靶向课、同课异构、大师模仿秀、期末复习研讨课等。

## 三、"研"出专业高度

团队研修找路子,学校陆续成立了各学科工作坊及研修团队,构建动力群,激发群动力,开展基于问题的校内课题研究、共同开发课程,进行全过程研究;注重内部挖潜,采取线上培训与线下研修相结合的方式,把教师的师德修养、心理健康作为重要内容进行强化培训,帮助新教师筑牢专业根基;强化校本研修,立足生情、师情、校情,充分发挥骨干教师、学科带头人的引领作用,开展微研究。搭好台子,展教师风采。对于教师来说,精神追求和体现个人价值显得尤为重要。每学期的专业知识竞赛、教师基本功大赛、教职工演讲大赛、书法大赛等活动,让教师有更多的展示机会,满足教师自我实现、体验成功的需要,从而帮助教师拥有提升专业发展高度的能力。

### 四、"融"出专业发展

充分发挥区域性教育抱团发展特色,学校通过区德育研修部、教育集团为每位青年教师找到师傅。因为我校教师年龄相仿,我们没有实施传统的"青蓝"工程,而是开展"对红"工程。学校还制定了首批种子教师培养计划,选派他们参加国家、省、市区各级各类学习,使教师在合作中学习,融百家之长,汇伙伴之长,在学习中成长。

### 五、"行"出专业自觉

教师们在教学实践中要自觉行动,练功磨法,促进专业成长,磨炼专业态度,进而形成专业自觉。年轻人创新意识强,学校号召他们敢于突破"教材本位"和"教师本位"的课程意识,重视课程资源的开发与利用,树立整合课程的课程观,处理好教与学的关系,将教育目的和本质回归到人的自身,帮助每一个生命成长为最好的自己。如今,他们主动研究教学、研究课堂、研究学生,展示了东湖路学校教师主动发展、自我发展的生命状态。

一年多来,管理团队带着这支年轻的队伍借力教育教学改

革实践探索着东湖路学校精神、孕育着东湖路校园文化,制定了东湖路学校制度标准、描绘了东湖路学校发展愿景,在打造东湖路学校发展速度、提升东湖路学校发展质量的教育之路上跋涉着。

教育的目的应当是向人传递生命的气息,教育是影响工程——让教育影响生活,让教育影响未来,我们的老师每天朝气蓬勃,青春向上。新建学校的成长离不开教师的发展,要想让教师有好的发展,学校不能让教师成为被动的改革者,而应让他们成为主动的变革者。"两自一包"的推行,有效激发了教师干事创业的激情,让教师内涵生发。

新机制下学校简单的人际关系、按劳取酬的分配方式、浓郁的创业氛围、持续的专业发展平台,点燃了老师们的职业信仰、教育热忱,年轻的他们携手追梦。现在老师们除了自己的专业课,副班主任工作、值周工作、校本课程……各个岗位都能看到他们忙碌的身影,因为他们知道自己是东湖路学校第一批校史书写者!

教师有信仰,教育就会有力量。在做好老师、做好教育的过程中,让我们影响孩子、让孩子改变世界。改革实践丰润了东湖路教育人的教育生命,激发了东湖路教育人的教育热情,丰富了道里的教育生态,未来,我们将集合力量更好地打造学校品质、教师品位和学生品格,办老百姓家门口的优质教育,我们在路上!

# 身边的温暖

## 我们最亲爱的崔老师

2004 届毕业生　周慧雅

我是崔老师 2004 届的毕业生，现在美国攻读博士。回想 20 年的学生生涯，令我印象最为深刻的还是初中的 4 年光阴。初中 4 年是从稚嫩到成长的萌芽。我很幸运也很幸福遇到我们责任心强并有着出色教学能力和独特教学方法的"崔妈妈"。

犹记得开学第一天的情景，她很严厉，讲课思路也很明确清晰。让我这个英语基础接近于"0"的人，听上去也很容易理解。崔老师讲课每个单元都是从单词开始讲起，从单词本身一步步地拓展，词性的变化，近义词的区别以及在课文中的搭配运用。当时觉得这只是在记单词，后来才慢慢发现在熟悉这些之后对于课文的理解和考点的掌握就变得格外容易。这一点在我后来的学习过程中也得以延续。做学问一定要从基础做起，只有在将基础的知识都牢记于心时，运用起来才可以得心应手。在做题这一环节中，崔老师也有她独特的方法，习题在精不在多，她总是从许多本练习册中筛选出对我们而言陌生的、易错的习题

总结出来，出成卷子再考查我们，每一张卷子她都会亲自批阅。所以她才对我们掌握的或不熟悉的知识了解得更为确切，有针对性地解决问题才是同学们的成绩都很优异的根本所在。

还记得初四那年总复习的时候，每一单元重点的词组、语句，崔老师都会帮我们总结到一张纸上，那就像红宝书一样，只要背会了，好像就不再有难题了，事实证明的确如此。她总是能将最精要的知识提炼出来，找到考题的方向。后来上了高中，知道了总结对于学习的重要性，也知道了每一个单元都要总结与提炼的困难性。

另一方面，作为班主任，她总是以大局为重，一个学生成绩的优异不是只将一门学科学好，崔老师不仅抓我们的英语成绩，对于其他成绩她也会在每次考试后帮忙分析，如果这一科的成绩滑落了，她会让科任老师帮忙关注。如果科任老师有事，需要换课，她也会牺牲一点自己的时间以保证我们不会缺课。

回想起这些，一个班级英语成绩平均在108分左右，这真的与老师的教学方法和付出是密切相关的。崔老师不仅在学习上给予了我们最正确的指导，在人格的塑造上也给了我们最正确的帮助。

课上的崔老师是严厉的，但课下她是和蔼的，所以我们习惯地称她为"崔妈妈"。她时常给我们讲一些道理，而这些道理对于稚嫩的我们而言是人生路上最大的指引。十四五岁的年纪正是刚刚长大的年纪，如果不能明辨是非，就很容易变质学坏。而这时候我们最需要的就是正确的引导，崔老师总是能在关键的时候看出我们偏离正轨的想法,没有当面批评,却可以用最正确的方式让我们意识到自己的错误,回归学习与人生的正轨。崔老师还喜欢教导我们说"脚踏实地地做好每一件事",这句话,刻在初四教室的墙上,也深深地刻在了我的心里,作为我曾经是"崔妈妈"学生的标签。

感谢崔老师,我没有荒废初中的四年时光;感谢崔老师的教导,让我后来进入了梦寐的三中。而今,我在北京师范大学,看着以后那些即将成为老师的同学,我更加意识到了作为一名老师责任的重大。而崔老师,她名副其实地扛起了这沉甸甸的称号。

2020年2月于美国

## 我们的朋友

2018 届毕业生　郭思成

在人生的道路上,我们总是要经历很多,但是任何人的成长都需要良师益友的陪伴,他们就像是一盏盏指路的明灯,指引着我们一直向前。而崔老师正是这样的一个人,在初中四年对我的谆谆教诲至今让我记忆犹新。

记得我刚上初一的时候,尚未褪去小学生稚气的我还不能很适应初中繁忙的学习,但是崔老师一直以来都在鼓励我。刚刚上初中的孩子们还是非常有惰性的,尤其是对于英语,很多的同学都没有任何英语基础,甚至连26个字母都没有办法认全,这些对于我们的班主任以及我们的英语老师崔老师来讲,无疑是一个难题。然而崔老师对我们依然很有信心，她每天都在耐心地教着，没有因为我们不能完全理解而急躁，崔老师一遍一遍重复着知识的重点，而在第一次考试中，我们班的平均成绩居年级第一，这份荣誉之花是崔老师辛勤耕耘的结果。最让我敬佩的是，崔老师不仅在英语上对我们孜孜不倦地教诲，在其他科目上崔老师也对我们严格要求。崔老师总是会跟每一位任课老师了解每一位同学的学习情况，她对我们每一位同学的强项和弱项都了如指掌，会根据每个同学的情况进行指导。在崔老师的不懈努力下，我们班中考成绩稳居年级第一而且我们班还出了哈尔滨市中考状元，这件事让我们每一位同学都欢欣鼓舞。

　　崔老师在我的眼中是一个非常有魄力的人，我们班在崔老师的带领下无论是学习、体育还是文艺方面都取得了很好的成绩，而且对我们每一位同学都同样的关怀，不会因为学习的好坏而态度有所区分。最为重要的是她非常注重德育教育，不仅教书，而且育人，我觉得这对于一个老师来讲非常的难得，在崔老师的教诲下，我们班非常团结，无论哪个同学有困难其他同学都会竭尽所能地帮助。在我们十二班的每个同学都非常尊敬崔老师，而且建立了很深的师生情谊，即使现在我们毕业了，依然非常想念崔老师，怀念每一位同学，是崔老师让我们十二班成了最团结的集体。

　　现在我已经是一名大学生了，也即将走入社会，但是每每回首，最让我难以忘怀的还是初中最美好的四年时光。因为有了崔老师这样良师的引导，我的人生有了更明确的目标，也正是初中四年的磨砺，让我在人格上更加成熟。虽然我已经毕业将近四年了，但是崔老师依然十分关心我的近况，帮我解决遇到的难题和困惑，崔老师不仅是我初中的班主任，更将是我一生的老师和朋友。而且在我们十二班的同学心目中，无论将来走到天涯海角，初中这四年崔老师对我们的谆谆教诲都将是我们一生的财富和行为准则。

在此，我一定要代表所有已经毕业的十二班的同学们向崔老师道一声感谢！

2012 年于北京

## 孩子的领路人　家长的贴心人
### ——我眼中的崔老师
2012 届毕业生家长　杨晓伟

有人说，好老师要让学生爱戴；有人说，好老师要让家长放心；也有人说，好老师必须一身正气……那么在我眼中的好老师是什么样的呢？细品四年来的点点滴滴，"老崔"的形象越来越清晰地浮现在我的眼前：她性格热情奔放；她说话妙语连珠，绘声绘色；她学识渊博，品行如一；她爱生如子，亦师亦友。她是孩子的领路人，是我们家长的贴心人，是我们全家人心目中的好老师。

"老崔"是儿子对崔老师的爱称。儿子经常跟我说"老崔"如何如何，提起"老崔"就眉开眼笑，滔滔不绝，让我这个当妈的都有些嫉妒，也让我感受到崔老师与众不同的"为师之道"。

崔老师传给了孩子幸福之道。

从儿子的身上,我感受到崔老师亦师亦友的风格。她不强调学生的分数,但强调学生的态度;她不要求学生的名次,但要求学生付出努力;她不要求孩子尽善尽美,但要求孩子积极向上。因为人生需要刻苦才能精进,因为精进才能感受到成功的幸福。崔老师用行动告诉学生:与人为善,刻苦精进,责任与幸福成正比。

记得一次学校篮球赛,儿子代表班级参加了比赛。在争球抢篮时,儿子的脚崴了,疼得坐在地上站不起来,崔老师连忙询问情况,并找来校医进行了简单的处理。由于工作忙走不开,她第一时间给我打了电话,并告诉我别着急。当我赶到学校的时候,看见患有严重腰椎间盘突出的崔老师正扶着儿子,背了儿子硕大的书包从教室里出来。她一边轻声安慰着儿子,一边还说些逗儿子开心的话语。看着亲如母子的两个人,在与她目光相交的一刻,我体会到了儿子口中亦师亦友的"老崔"的真正含义,也让我由衷地感到了为师者的幸福之道!

崔老师授予了孩子终生之业。

一个好老师不仅要教会学生如何学习,更要教会学生如何做人。

儿子常跟我说:"妈,上老崔的课你会感觉时间过得很快,课上得很过瘾。"我想,能让孩子如此信服、如此崇拜的老师一定有她的过人之处。这过人之处就在于她博学的智慧、高尚的美德和善良的心灵。她能在教学中巧设情境,让学生的思想在课堂上自由碰撞,在交流中开拓思维,在活动中发展天性。在生活中,她以真诚之心去感悟学生的心灵,用慷慨的行动去品味学生的苦乐;她以智慧引导学生用科学的眼光去辨别是非,用淡定的态度去看待挫折。我想,经历了这个过程的孩子,一定学会了感动。

终生之业不能没有智商,更不能缺乏情商。毕业班的工作紧张而繁杂。由于过度劳累,崔老师腰椎间盘突出恶化,导致下肢几乎失去知觉,医生勒令住院治疗。崔老师在提前讲完全部课程的情况下,选择了元旦休息的时间住院治疗,而后又毅然决然地回到了讲台前,带给孩子们的仍然是鼓励和热情的目光。我想,崔老师之所以让人动容,是因为每件事情,她都先启动了自己的情感,然后才会感动学生,感动我们这些家长。用真情感知世界的人,才会用大德去感动社会。

崔老师解开了孩子人生之惑。

儿子说,"老崔"经常巧妙地运用小故事开解学生心中的困惑。面对学习遇到困难的学生,她告诉孩子,人生即使不能用知识改变命运,能做到最好的自己也不容易;面对压力过大的学生,她会用善意的行动引导学生放平心态,正视挫折。她把自己当作学生的朋友,去感受他们的喜怒哀乐,感受他们的成长、成才与成人。学生未来还会遇到很多挫折,但我想,与崔老师一同探索过人生的孩子战胜挫折一定最快,因为他们的人生困惑更少。怀揣着感恩,时刻不忘自己责任的人,人生还会有什么困惑呢?

教师之所以伟大,就在于名利面前心如止水,执着于自己的

志向。教师之所以被人尊敬,就在于他做的是承载人类知识火种的传递、传播的重任。我心目中的崔老师就是这样的人:她对工作一丝不苟,对学生视如己出,对家长情同姐妹;她是一个平凡的人,一个成功的人,更是一个幸福的人。

## 用热情点击教育的快乐

哈尔滨市第113中学 顾 颖

她就是一团火,随时用热情点燃孩子求知的欲望;她就是一场及时雨,随时于无声中滋润孩子干渴的心灵;她就是一个便携铃,随时响起,让孩子躁动的心灵瞬间安静;她就是一棵树,坚守在自己的沃土上,为树下一批批孩子提供成长的荫蔽,看着他们成熟坚定地离开,再张开怀抱迎接下一批蹦到自己怀里的心灵……

她对教育教学工作总是那样富有激情,用她的真情真意去感染身边的每一个孩子,充满智慧地完成日常的教育教学工作,让自己能够真正走进学生的心灵。她更是用自己的言行默默地影响着身边的每一个孩子。用热情点击教育的快乐。

崔晶老师,是一位热情、质朴、真诚的优秀党员教师。她教出过中考状元,她所带的班级均被评为市、区优秀班集体,她所任课的班级成绩均名列全区前茅。

她用热情感染着一切。作为一名英语特级教师,她始终保持着对这份工作的高昂的热情,领导没听崔晶喊过累,同事没听崔晶抱怨过,工作中她激情满怀,总有使不完的劲。她业务精良,勤思善学,英语教学独具风格,业务指导能力强。工作中她勇于开拓创新,务实上进,业绩突出,教育教学成果显著。她曾被聘为哈尔滨市首届中考命题预备人员;她曾经考试选拔赴澳大利亚学习培训;她曾多次在省、市、区进行公开课和示范课;她有多篇论文在国家、省、市级的杂志报纸上发表;她曾多次通过新闻直播间、网站名师工作室等形式把自己在工作过程中摸索到的有效的教育教学方法传达给社会上需要的人士。由她作为领衔教师创建的崔晶育人工作室,坚持做到每学期有科研主题,每次活动有主题。能完成这一项项烦琐复杂的工作,我们不能不说她的业务能力强,能出色地完成这些工作,凭的应不仅仅是能力,更应该是她对教育工作的热情与热爱。

作为一名班主任教师,她坚持以热情、智慧、有感染力的育人风格为基础;坚持以德服人、以情感人、以心育人,以理导人的育人模式;注重加强学生的思想道德教育,让学生常怀感恩之心,争做有情之人。她对教育教学工作总是那样富有激情,用她的真情真意去感染身边的每一个孩子,充满智慧地完成日常的教育教学工作,让自己能够真正走进学生的心灵。她更是用自己的言行默默地影响着身边的每一个孩子。她经常为学生义务辅导,帮助学习、生活上有困难的学生,用自己较高的教学艺术,精准高效地向学生传授知识的同时,更是用自己的人格魅力使学生受到高尚人格的熏陶。她的热情和爱感染、感动着每一个孩子,每个科任教师都说愿意到崔老师班上课,她的学生热情,

她的学生好学,她的学生有人情味,懂感恩……正是由于崔老师的真诚和热情,她们班的教育合力发挥了最大的作用,她所带的班级均被评为市优秀班集体,班级各科成绩均名列全区前茅。

她的热情还体现在教育教学的示范和引领中。崔老师能够将工作中的所做所思所想及时归纳总结。积极发挥名师及骨干教师的示范引领作用,开展好名师带高徒活动,真诚地关心、帮助青年教师的成长。

作为英语学科带头人,她能够围绕"十一五"规划重点科研课题,带领本组教师一起开展英语教学的研究工作,她也能够带领全校英语教师深入学习,加强反思,切实解决教学中的困惑,及时梳理这一过程中的得与失,总结经验,写出有价值、可供借鉴的科研论文,用以指导教学实践。由她主持或参与的多项科研课题已结题。作为市、区骨干教师,学科带头人,她多次在省、市、区进行交流汇报,她毫无保留地将个人经验拿来与大家分享,受到一线教师的一致好评。特别是身边英语组的年轻教师和崔晶育人工作室的成员们,提起她都有说不完的感激与佩服。

有一位教师这样意味深长地评价崔晶:"她是一团火,燃烧自己,照亮周围,温暖周围甚至点燃周围!"这就是一名优秀教师的力量,这力量来自崔晶的勤、智、钻、宽和爱。

## 我眼中的崔晶师傅

哈尔滨市第 113 中学　闫　淼

崔晶老师以高尚的人格魅力影响人,以崇高的师德塑造人,在平凡的工作中铸就了闪光的师魂。她强烈的爱岗敬业意识、无私的奉献精神,深深地感染了我,给了我很大的震撼。她用辛勤的汗水培养学生,她在教育教学方面取得的骄人业绩就是最好的说明,这其中的艰辛付出我们大家看在眼里,敬佩在心里,然而那种压力和内在的职责是她本人才能深深体会的。为了学生,她每天披星戴月,早出晚归,她无怨无悔,用无私的爱诠释了教育的真谛。

## 一、爱,是发自内心的事业心和责任感

从崔老师身上,我感受到了优秀教师那种爱岗敬业、无私奉献、事业为重的高尚思想境界。在工作中,安贫乐教,甘于奉献。她做学问严谨务实,脚踏实地,不为名所累,不为利所趋,将自己的所有精力全身心地投入到教学实践中去,正如著名教育家陶行知所说的"捧得一颗心来,不带半根草去"。言传身教,厚以载德,不仅规范学生的行为,更了解学生的思想动态,用耐心和责任心对每一个学生进行有针对性的教育。她对学生既爱又严。既教知识又教做人,全面关心学生的进步,时刻把学生放在第一位。

她工作18年来,工作量一直都比较大,教着两个班的课,又做着班主任,而且教的一直都是全校最大班额的班级,甚至在当年孩子刚刚满月时。总有人很关切地问她:"你累不累啊?"她总是说:"说句实话,不累是不可能的。可和学生在一起,我总能品味出他们给我带来的每一份感动,我总能体会到他们对我的至真至诚之情。"

## 二、爱,最基本的诠释就是尊重、理解、信任和鼓励

崔老师经常对我说:"教育有很多方法,有很多原则,但最根本的一条,就是爱孩子,爱每一个学生;只有以爱为基础的教育,一切方法和手段才会有效果,如果孩子从你的眼睛中读不到对他的爱,你的教育就不会发生作用。"多年来,崔老师把满腔的爱无私地献给她的学生,把爱播种到每一个孩子的心田,赢得了学生的信任和敬重。

她对班级同学的情况了解总是非常细致,谁是单亲家庭,谁是重新组合的特殊家庭,谁的父母关系不太好,谁的家庭经济比较差一点,崔老师总是清清楚楚。对这些情况特殊的孩子,她总是更多几分关心,多几分心疼。学生脸色不好,提醒他们身体是否有不适,天冷了提醒他们加衣服,考试不好鼓励他们不要泄气。至于班级上同学们成绩的变化,她更是了如指掌。不仅是自己的学科,所有的学科她都关心到位。凡是和她搭班的老师,没有一个不感受到她工作的细致。包括初四时的体育训练,她都是一个一个过关,常常陪他们训练到很晚才回家。有些家长感激地说:"你比我们家长都更关心他们。"崔老师总是说:"他们是你们的孩子,也是我的孩子。这些都关系到每一个同学的前途和将来的发展,一点也不能大意。"

崔老师对学生的爱,自然也得到了应有的回报。不仅她的学生爱她,喜欢她,尊敬她,搭班的老师也都很感谢她。她带的班级每一届班风学风都那么好,平时成绩和中考成绩总是那么优秀。

## 三、爱,会在孩子的心中开花结果

崔老师所追求的爱的教育,不仅仅是爱孩子,更是为了让孩子学会爱。她的教育理念是仅仅让孩子得到爱、享受爱,绝不是只看重成功的教育。在她的德育工作中,一个很重要的主题就是培养一个懂得爱的班集体,让每一位同学学会爱,爱父母,爱老师,爱同学,爱别人。

崔老师在培养学生爱的意识和爱的责任方面是非常用心的。初二的一个晚上,崔老师加班到晚上七点多才下班。走出办公室,看见班上七八个学生迎面走来。经询问,得知他们观看高中文化艺术节的会演刚回来。崔老师和他们一起刚出校门,便看见一位家长在校门口焦急地等待自己的孩子。看见孩子后,这位家长含着眼泪长长地舒了一口气。家长和崔老师打过招呼后责备了孩子几句,便和孩子一起回去了。崔老师久久不能忘记那位家长的眼神,那里面充满了焦急和疼爱,可我们的学生却体会不到。家长的疼爱,同学的漠然,作为班主任的崔老师心里很不是滋味。第二天崔老师把那些迟回家而没有和家长打招呼的同学叫到办公室,并没有正面批评他们,只是让他们回去请家长把等待他们的过程和心情详细写下来交给老师。第三天,几位家长的信都来了。崔老师便让每一个孩子读自己家长的信。读完信后,让他们谈读信的感受,几位同学都感到非常惭愧,有两个学生流下了眼泪。崔老师趁势对他们说:"一个人,不能只沐浴在爱之中,而感受不到爱的温暖;不能只是享受着别人的爱,而不懂得回报。父母爱我们,是做父母的责任;体谅父

母,用我们力所能及的行为回报他们,则是我们的责任。给父母一个电话,是一件小事,却是爱的一种表达,是爱的责任的一种体现。"几天后,崔老师又召开了"让我们多一份爱的责任"的主题班会,抓住这件偶然发生的事情培养了全班同学的爱的责任意识。

### 四、爱,也需要融合智慧的表达

崔老师在把自己的爱倾注在学生身上的同时,始终在追求着爱的智慧的表达。崔老师一直认为,作为老师要善于表达自己对学生的爱。暑假中她常常打电话给自己的学生,告诉他们自己很想他们,很想听听他们的声音。每一个接到她电话的同学都很是高兴,很多同学主动向她说起自己暑假中的苦与乐,说出他们平时都不一定肯说的心里话。崔老师认为,老师必须爱孩子,但爱不是一味地纵容。多年来,她总是追求爱和严的高度统一。正是崔老师以爱为基础的严,学生才能理解和接受;正是在爱的基础上还有严格的要求,她的班级才会有良好的学风和成绩。崔老师带班级,都要发动全班同学制订许多规矩,卫生打扫、作业质量、上课纪律、同学关系,怎么做有奖励,怎么做会处罚。对于有些情况特殊的孩子,崔老师常常利用这种弹性来有效地改变他们。所以我们学校、学生和老师都知道,崔老师是最喜欢学生的,也是对学生最严格的。

向崔老师学习使我更加认识到,踏踏实实地教书育人是我对一名优秀教师的理解,做像崔老师那样合格的人民教师,是我的追求。教师既要教书又要育人,两者是不可分割的统一体,教书是育人的载体,育人是教书的目的。崔晶老师不仅在实践中积极探索如何实践爱的教育,探索新型的师生关系,而且自觉进行理论学习和思考,总结自己的经验,提升自己德育工作的艺术。多年来,崔老师正是用她无私的爱,用她教育的智慧托起一个个生命的朝阳,一个个未来的希望。

## 录取之后见风采
### ——走近市优秀班集体
#### 2012届毕业生张矸砭家长　杨晓伟

目前,我市省重点高中三个批次的录取工作已经结束。7月28日,记者从哈尔滨市第113中学获悉,该校九年六班一个班的省重点录取率达到了72%,实现了均衡发展和大面积提高教学质量的目标。这背后看到了113中学富有前瞻性的办学理念,学校创新管理模式的成功实践,以刘乾善校长为核心的领导班子求真务实的工作作风,老师们无私的奉献精神和高水平的教学,班级所有学生和家长的刻苦努力。

**励志楼——优秀学生的孵化器**

记者了解到,九年级开学初,113中学就把毕业学年所在的教学楼命名为"励志楼"。学校希望学生以此来鞭策自己,勉励自己,立下志向,坚持不懈,敢于拼搏。这其中蕴含着学校领导与教师对学生的殷切期望与良苦用心,彰显着校园文化的深刻内涵。悠久的办学历史,深厚的文化底蕴,强大的师资队伍,高效的教学管理,为莘莘学子提供了丰饶的成才土壤。励志楼不仅仅是学生学习成长的摇篮,更是学生树立理想、磨砺意志、努力拼搏、培养健全人格的最好舞台。

113中学历来倡导学生快乐学习,自由发展。为了减轻学生升学压力,帮助他们调整心态,找准目标,学校经常组织毕业学年开展文体活动。学生思想有些懈怠,学校就适时举办队列广播操比赛,增强班级的凝聚力和学生的斗志;学生进入青春叛逆期,学校就组织全体学生为家长和老师献上手语操《隐形的翅膀》,并向家长和老师深深鞠躬,表达感恩之情、不懈努力的决心和坚定的意志;学生面临考前冲刺的紧要关头,学校就组织"百日誓师"活动,为他们鼓劲加油……

113中学倡导的素质教育,不是要扔掉书本,扔掉分数,而是以学生感兴趣的方式进行教育教学,以达到最佳的教育效果,这就是113中学与众不同的管理魅力所在。

## 我的班级,我来管理——健全人格的摇篮

"想法不如做法,做法不如结果",记者跟随班主任——哈尔滨市劳动模范、特级教师崔晶老师走进九年六班的教室,醒目的标语映入眼帘。没有豪言壮语,没有铿锵誓言,朴实无华的字句映射着崔晶老师的为师之道。九年六班的孩子们用事实证明了这一点,为自己、也为崔老师四年的付出和努力画上了圆满的句号。

"我的班级,我来管理"——这是崔晶老师在班级管理中做的大胆尝试,因为她坚信"班风正才能学风正,学风正才能成绩

好"。事实证明,这是正确的。班级是学生的,学生的成长应该是全面的发展,把学习和活动的空间都让给学生,让学生成为学习和活动的主人。如此一来,学生学习兴趣高了,学风浓了。每到下课,讲台边总会围上一圈同学,向老师提出问题,和老师交流看法;甚至放学后、午休时,也有同学去办公室和老师研究学习。

在老师的引导下,同学们对作业和练习毫不含糊,对学习不肯放松。大家平时聚在一起,经常讨论学习,交流学习经验,有学科优势的毫不藏私,向别人请教的十分坦然,大家互相取长补短,共同提高,同时增进了友谊,促进了团结。

苏霍姆林斯基曾经说过:"真正的教育是学生的自我教育。"崔老师总是能够把握一点,那就是唤醒学生心底的尊严,让他们自信、阳光地过初中时光。面对学习遇到困难的学生,她告诉孩子,人生即使不能用知识改变命运,也不要紧,只要能做到最好的自己就是无悔的人生;面对压力过大的学生,她会用善意的行动引导学生放平心态,正视挫折,她告诉学生,中考只是成长历程中的又一个起点,即使暂时遇到挫折,也要相信自己一定行。她把自己当作学生的朋友,去感受他们的喜怒哀乐,感受他们的成长、成才与成人。

### 配额制度——升学的平衡器

在与崔老师交谈的过程中,几个毕业生及家长拿着录取通知书到学校向老师报喜。一位家长感慨地说:"这次中考,我的孩子虽然成绩不太理想,但是孩子心态特别好,总是很自信、很

阳光,告诉我:'妈妈你放心,我肯定能考上群力三中。'我觉得孩子的这份自信完全源自崔老师的引导,从孩子的身上我看到,崔老师不仅教会孩子知识,更重要的是对孩子人格的影响。"另一位家长感慨地说:"今年省重点的配额比例达到了50%,而且今年又是先考试后报志愿的第一年,没有任何可参照的范例,113中学真是做到了一切为了学生。刘校长亲自上阵,和老师一起帮助孩子以历次模拟为参照估分,报考。他总是关注细节,认真为每一名学生把脉、诊断,所有配额的名额都没有浪费。我的孩子就是在学校和老师的指导下,配额考入了师大附中。作为家长,我觉得这不仅因为配额这一惠民政策好,也因为113中学全体领导和老师有强烈的责任感,我真是由衷地感谢。"

据崔老师介绍,正是由于学校准确把握中考脉搏,掌握中考政策,同学们在考试过后估分报考阶段,准确估分,理智报考,学校省重点录取率才能达到40%。我们九年六班共63名毕业生,省重点的录取率达到了70%以上。可以说,这是我们学校全体领导和教师四年来辛勤付出的最好证明和回报。

"桃李不言,下自成蹊",113中学定会永葆工作的激情与热情,办人民满意的教育。

# 结 束 语

作为老师,每每有人问起我近三十年教育教学工作的最大感受时,我都会毫不犹豫地说道:"享受幸福"。

享受着教育幸福,你就多了一份快乐的心情。

享受着教育幸福,你会把每一个挫折看成是考验。

享受着教育幸福,你会把每一种困难看成是磨炼。

享受着教育幸福,你时时刻刻都会听到花开的声音。

教育是平凡而伟大的事业。平凡,是指教育工作渗透在学生日常生活的各个层面;伟大,是指教师十几年、几十年如一日地辛勤耕耘,爱生育人。著名诗人徐志摩曾经对爱有过如下的表达,颇与我的心境契合:我有的只有爱,我是一个极充实的富人,也是一个极空洞的贫者,我没有别的动力,我只有爱;我没有别的能耐,我只有爱;我没有别的方法,我只有爱。老师是学生心中的太阳,我相信爱是帮助学生的最大力量,也深信,怀抱着这样的理想,教育才有永恒的生命!

对于一个幸福的教师来说,教育不是牺牲,而是享受;教育不是重复,而是创造;教育不是谋生的手段,而是生活的本身……有了幸福的教师,才有幸福的学生;有了幸福的学生,才有一个民族幸福的未来。

从教近三十年,和学生共处的点点滴滴已经构成了我生命

的重要部分。在年复一年看似平凡而琐碎的日子里,我和学生们用激情与汗水装点了那么多感人的生命片段。那一段段刻骨铭心的记忆承载着我说也说不清的人生滋味,其中有甜蜜,有喜悦,还有苦涩和感伤……

每当送走一届学生我都不无感怀地想:倾注我全部心血与热情的孩子们,你们知道吗,我们曾经那样地走近,而今你们却如海水退潮般在我眼前消失了!我不知道若干年后你们中是否有人还记得青葱岁月里有一个人给予你的点点温暖?真心希望我的小树们早日长成参天栋梁!

触动心灵的教育,是最有生命的教育。英国作家斯蒂文森有一首诗《点灯的人》,诗中的李利,总是在黄昏时刻,扛着梯子走来把街灯点亮。就让我们这些从事最幸福工作的老师们,也来做"点灯之人",燃起自己、燃起我们内心的灯盏,再走近我们的学生,一盏,一盏,去点燃学生们的心灵之灯,做个教育战线上幸福的点灯人,让生命在尊重与关爱中飞扬!